…OGIE
… SEXUELLE

Du même auteur

Les Ages de la Vie, Leméac, Montréal (1972).

Guide astrologique des 12 signes zodiacaux. Publications Eclair, Montréal (1976).

Ne bois plus s'il-te-plaît, Libre Expression, Montréal (1978).

Astropsychologie, Stanké, Montréal et Paris (1978).

Solitude, Stanké, Montréal (1979).

L'Etrange Fin du XXe siècle, 3e édition : Delachaux et Niestlé Ed., Neuchâtel-Paris (1981).

Prévoir par l'astrologie : Transits - Lunaisons - Eclipses, Mortagne, Boucherville (1979).

La Lune et Vous, Sand et Tchou, Paris (1983).

Le Sexe, les Astres et Vous, Yva Peyret Editeur, Corcelles-le-Jorat (Suisse) (1983).

1984 - Prévisions astrologiques mondiales, Editions de l'Homme, Montréal et Paris (1983).

1985 - Prévisions astrologiques mondiales, Editions de l'Homme, Montréal et Paris (1984).

Chez le même éditeur

LES BERGERS, de Melki Makhandar
(conte fantastique-ésotérique)
ISBN : 2-8308-0002-8

LE SEXE, LES ASTRES ET VOUS,
de Huguette Hirsig
ISBN : 2-8308-0001-x

LA VIE EXTRATERRESTRE
SUR LA TERRE COMME AU CIEL
de Jean-Francis Crolard
ISBN : 2-8308-0000-1

HUGUETTE HIRSIG

ASTROLOGIE HOMOSEXUELLE

YVA PEYRET
Éditeur

SOMMAIRE

Diffusion :

FRANCE : Diff'édit, bd du Montparnasse 96, F 75006 Paris.

BELGIQUE : Les Presses de Belgique, rue du Sceptre, 25, B-1040 Bruxelles.

SUISSE : Société Nouvelle de Librairie, rte d'Oron 79, CH 1000 Lausanne 21.

CANADA : Librairie Raffin Inc., 7870 Fleuricourt, Saint-Léonard, Québec H1R 2L3

Conception et réalisation de la couverture,
composition et mise en page :
Studio C.B., Paris

L'éditeur se tient volontiers à votre disposition pour vous donner tous les renseignements souhaités sur son fonds d'édition. Yva Peyret est prête à vous faire parvenir régulièrement et en temps voulu une information sur les titres à paraître et ceci sans engagement de votre part. Il suffit de lui écrire à l'adresse suivante : Yva Peyret, La Gollie, CH-1099 Corcelles-le-Jorat (Suisse).

ISBN : 2-603-00564-4

PRÉFACE

Il est plutôt inhabituel de préfacer un ouvrage avec... un poème. Pourtant, il nous a paru tout indiqué de le faire en cette occasion car le texte qui suit, écrit et d'ailleurs également mis en musique par *Melki*, auteur-compositeur canadien, traduit à notre avis extrêmement bien la dualité de chaque être humain.

YVETTE ET YVA

Moi j'ai pas besoin d'une sœur jumelle
A moi toute seule je compte pour deux
Je suis un violon et un violoncelle
Je fais un duo vraiment mélodieux
Ma mère voulait avoir une Yvette
Mon père voulait avoir une Yva
Pour avoir la paix la seule recette
C'était d'être ensemble Yvette et Yva
Et dans le quartier, lorsque je passais
Tous les gens se disaient

On ne voit jamais Yva sans Yvette
On y va Yvette et Yvette y va
Là où est Yva, on y voit Yvette
Où Yvette va, va aussi Yva
J'ai ma voix de tête
Quand je suis Yvette
J'ai ma voix d'en bas
Quand je suis Yva
Ma voix d'opérette
Elle est pour Yvette
Ma voix d'opéra
Elle est pour Yva

Lorsque j'ai grandi j'ai trouvé pratique
De pouvoir mener deux vies à la fois
Yvette riait, faisait sa comique
Yva était sage et ne bronchait pas
Pour mes amoureux c'était difficile
D'aimer à la fois Yvette et Yva
Yvette criait : laisse Yva tranquille
Et Yva disait : mais moi j'aime ça
Et dans le quartier, lorsque je passais
Tous les garçons disaient

On ne voit jamais Yva sans Yvette
On y va Yvette et Yvette y va
Là où est Yva, on y voit Yvette
Où Yvette va, va aussi Yva
Quand j'ai mes lunettes
Je deviens Yvette
Et quand j'y vois pas
Je deviens Yva
Quand je suis coquette

Je m'appelle Yvette
Quand je suis très bas
Je m'appelle Yva

Et puis j'ai compris en devenant femme
Que c'est vraiment bien d'être faite ainsi
Yvette est mon corps, Yva est mon âme
Je suis à la fois le jour et la nuit
Je suis à l'image de la loi parfaite
Ce qui est en haut est aussi en bas
Moi mon pôle sud, eh bien c'est Yvette
Et mon pôle nord, eh bien c'est Yva
Et quand je mourrai, les anges effarés
Ensemble vont chanter

On ne voit jamais Yva sans Yvette
On y va Yvette et Yvette y va
Là où est Yva, on y voit Yvette
Où Yvette va, va aussi Yva
Avec ma trompette
Tiens, voilà Yvette
Avec mon tuba
Tiens, voilà Yva
Avec mes aigrettes
Tiens, voilà Yvette
Avec mon boa
Tiens, voilà Yva

On ne voit jamais Yva sans Yvette
On y va Yvette et Yvette y va
Là où est Yva, on y voit Yvette
Où Yvette va, va aussi Yva...

Chanson enregistrée sur disque DNM. Renseignements auprès de l'éditeur

AVANT-PROPOS

Pourquoi un livre sur l'astrologie et l'homosexualité ? Pour de nombreuses raisons.

La première est que l'on ne peut plus passer sous silence un problème qui concerne près du quart de la jeunesse de l'Amérique du Nord et qui prend de plus en plus d'importance dans le monde tout entier.

En second lieu, cette question mérite d'être abordée avec le plus d'objectivité possible. Ayant passé la soixantaine, j'ai procédé au cours de ma carrière à plus de 30 000 études individuelles, parmi lesquelles 2 000 étaient des thèmes astrologiques d'homosexuels. Je crois donc avoir l'âge et les connaissances requises pour mener à bien cette tâche et cela d'autant plus que, dans les années 70, j'en ai consacré deux à étudier la sexologie.

Enfin, bien que naturellement et foncièrement hétérosexuelle, je compte parmi mes amis de nombreux homosexuels. Ce ne sont pas eux qui m'ont fait des confidences, car ils assument allègrement leur différence sexuelle, mais ceux et celles qui, en consultation, sont venus me parler de leur difficulté de vivre leur homosexualité. Et je me suis aperçue que l'être humain, qu'il soit homosexuel ou hétérosexuel, connaît dans sa relation amoureuse autant de joies ou de peines, de facilités ou de difficultés.

Puisque j'ai déjà voué une étude au comportement sexuel de l'être humain en relation avec l'astrologie[1], étude qui se référait avant tout au comportement de l'hétérosexuel, mon éditeur m'a demandé de compléter mon travail en analysant plus spécialement le comportement de l'homosexuel... et c'est l'objet de ce nouveau livre.

(1) Le Sexe, les Astres et Vous, YVA PEYRET EDITEUR 1983.

RAPPEL DE QUELQUES NOTIONS ESSENTIELLES

On a pris l'habitude de classer les êtres humains en catégories, aussi bien sur le plan sexuel que dans tous les autres domaines. Ainsi a-t-on les *hétérosexuels*, les *homosexuels*, les *bisexuels* et, dans ces trois catégories, d'infinies spécificités.

Pourquoi ce besoin de coller une étiquette sur chaque individu ? Ne vaudrait-il pas mieux se demander simplement s'il est heureux dans sa vie amoureuse ?... et s'il rend son partenaire heureux ? C'est cela qui compte après tout ! Chacun vit sa sexualité en fonction de ce qu'il est, de ce qu'il éprouve, de ce dont il a le désir ou le besoin et si, ce faisant, *il ne nuit à personne*, qu'importe alors la façon dont il a atteint son bonheur !

Avant tout, il importe de se souvenir que, si le sexe est biologique, la sexualité, elle, est sociale.

En biologie, on apprend que l'embryon humain est neutre, mais potentiellement femelle. Pour donner naissance à une fille, il continue à se développer naturellement, selon le même schéma jusqu'à la naissance. Pour un garçon en revanche, la différenciation ne s'amorce qu'au cours des troisième et quatrième mois : sous l'influence des hormones mâles, le tubercule génital s'allonge, l'ouverture uro-génitale se referme et les bourrelets s'épaississent pour constituer les bourses.

La cellule humaine comporte 46 chromosomes, tous en forme de X chez la femme, tandis que chez l'homme 45 chromosomes sont en forme de X et le 46e en forme d'Y.

Toujours à cause de l'influence des hormones mâles, le cerveau de l'homme diffère de celui de la femme ; en effet, son lobe gauche, plus développé, va contrôler l'érection et l'éjaculation. Chez la femme, c'est le lobe droit du cerveau qui est plus important : il contrôle l'ovulation et le cycle menstruel.

Le squelette de l'homme aussi diffère de celui de la femme : il se caractérise par un bassin plus étroit et une dernière côte horizontale. Chez la femme, cette dernière côte est arrondie, tandis que le bassin est sensiblement plus large.

Pourtant, depuis 1945, des observations faites à travers le monde entier ont démontré qu'au sein de toutes les races, sans exception, s'opérait un changement important au niveau du squelette humain. Force a été de remarquer que presque la moitié des garçons naissent avec un bassin élargi et la dernière côte arrondie : chez eux, la musculature est masculine, mais le comportement féminin. Dans le même temps, 34 % des filles présentent un bassin étroit et la dernière côte horizontale : elles ont un front plus dégagé et des cheveux moins fournis, tandis que les garçons ont une chevelure abondante ; elles sont dotées d'une agressivité masculine dans un corps féminin.

Jusqu'ici, on n'a pu que constater cette mutation, sans pouvoir l'expliquer de nulle manière. Mais elle apparaît de plus en plus évidente. Ainsi, il est souvent difficile de différencier les filles des garçons dans un groupe vu de dos : ce n'est pas seulement leur accoutrement similaire qui en est la cause, mais leur silhouette identique.

Il est vraisemblable que ces transformations biologiques de l'ossature humaine ont des correspondances avec le fonctionnement de certaines glandes et de certains organes, qu'on n'a pas encore décodé, et qu'à son tour le comportement psychologique va s'en trouver influencé.

Si nous avons soulevé ces questions, ce n'est pas pour expliquer l'homosexualité bien sûr, mais pour montrer combien l'être humain est en constante transformation. S'agit-il d'évolution ou de régression ? Nul ne serait capable de le dire en l'état actuel des connaissances. Il est curieux, cependant, de noter que le changement se fait dans le sens d'une uniformisation sexuelle.

LE CHOIX HOMOSEXUEL

Des quelques notions essentielles rappelées dans le chapitre premier, il ressort que l'être humain porte en lui un potentiel bisexuel et que le choix de sa sexualité va dépendre de bien des facteurs.

Disons que, dans nos sociétés, les trois quarts des individus choisissent, de préférence, une orientation hétérosexuelle. L'autre quart, tout au moins au moment de l'adolescence — aux U.S.A. et au Canada — s'oriente vers l'homosexualité, ne serait-ce qu'occasionnellement : moins de la moitié d'entre eux seront homosexuels toute leur vie, tandis que les autres rejoindront les rangs des hétérosexuels. C'est donc 10 % d'individus de la population adulte qui fait un choix homosexuel. Pourtant, on ne peut pas dire qu'ils sont *nés* homosexuels : très rares sont ceux qui, en effet, présentent cette particularité que nous expliquerons plus loin. Alors, qu'est-ce qui a pu motiver leur choix ?

Les causes sont multiples, celles qui viennent en tête étant l'amour et l'admiration portés à un compagnon ou à une compagne d'études au moment de l'adolescence. Mais il en existe d'autres, moins heureuses parfois : le peu de communication avec la famille, le manque de tendresse, l'absence du père ou de la mère ou bien, à l'inverse, leur amour dévorant, l'influence d'un professeur, un viol ou, tout simplement, la curiosité et le goût de se singulariser.

En général, la première relation sexuelle est déterminante dans le choix de l'orientation hétéro- ou homosexuelle, selon qu'elle aura été agréable ou répugnante.

S'ajoutent à tout cet éventail les cas d'adolescents maltraités, drogués, exploités, prostitués, mais cela est vrai autant au niveau hétérosexuel qu'homosexuel.

On oublie trop fréquemment que, sous ses dehors affranchis ou son apparente maturité, l'adolescent est un être fragile, malléable, vulnérable, confronté à des impulsions sexuelles d'une violence inouïe et qu'il saisit mal. Ses parents, souvent, ne sont pas mieux renseignés que lui et répugnent à lui parler de ces forces naturelles qui s'éveillent en lui : ils comptent sur l'enseignement sexuel de l'école, ou sur les copains, et s'étonnent ensuite des résultats ! On ne dira jamais assez la responsabilité parentale dans l'éducation sexuelle des enfants... ou dans l'absence de cette éducation.

Si un adolescent a choisi la voie de l'homosexualité pour l'une des raisons mentionnées ci-dessus, ou simplement par goût, et si ses parents s'en offusquent, en souffrent, s'en plaignent et cherchent à l'en guérir comme s'il s'agissait d'une maladie, qu'ils se demandent plutôt ce qu'ils ont fait pour l'éducation sexuelle de leur enfant ! Quel exemple lui ont-ils donné du respect de soi, de l'amour conjugal, de l'harmonie dans leur couple ? L'ont-ils guidé dans ses amitiés ? Se sont-ils rappelé leur désarroi et leurs désirs au moment de leur propre adolescence ? Si leur enfant est heureux dans son homosexualité, ne vaut-il pas mieux la respecter plutôt que de lui imposer l'hypocrisie d'un mariage malheureux, comme je l'ai constaté plusieurs fois ?

Les relations homosexuelles ne sont pas toutes harmonieuses hélas. Beaucoup sont sources de problèmes : culpabilisation, honte, impuissance, éjaculation précoce, fantasmes, sado-masochisme, comme cela existe d'ailleurs dans l'hétérosexualité. La plupart du temps, cela aboutit à la recherche de compensations dans l'alcool ou dans la drogue. Masquer ainsi les problèmes les aggrave en fait dangereusement et engendre le risque de se détruire plus ou moins vite, en faisant le malheur de son entourage.

L'un des handicaps majeurs — plus fréquent dans le couple homosexuel que dans le couple hétérosexuel me semble-t-il — est la rupture qui intervient, après plusieurs années de vie commune, lorsque le plus jeune des partenaires se détache du plus âgé. Ce dernier ressent alors bien davantage le drame de cet abandon car il se heurtera à plus de difficultés pour reformer un couple homosexuel, difficultés que ne rencontrera pas, dans des circonstances analogues, un conjoint hétérosexuel.

En outre, la différence est d'autant plus accentuée que dans tout homosexuel existe une part de juvénilité affective et d'illusion sentimentale qui le rend plus vulnérable au manque d'amour.

*

Un autre problème que n'abordent pas volontiers les homosexuels, ni leurs médecins, mais qui a un retentissement sur leur équilibre physique et psychologique, est celui du manque d'échange hormonal. Dans une relation hétérosexuelle normale, il y a un échange d'hormones : il s'opère au moment du coït qui agit comme un équilibrant biologique et psychologique. Dans une relation homosexuelle, cet échange fait défaut et constitue un élément dommageable pour la santé et l'équilibre psychologique des partenaires, surtout chez les lesbiennes. Certains médecins y suppléent par un apport d'hormones appropriées, mais cela demeure un expédient.

Je suis toujours frappée par l'immense désir de paternité ou de maternité manifesté par nombre d'homosexuels, désir cependant plus égoïste que réaliste car personne ne peut présumer de la réaction de l'enfant face au statut sexuel particulier de son père ou de sa mère qui le privera d'une vie familiale classique, même s'il est entouré des meilleurs soins et du plus grand amour. Je ne parle pas ici des homosexuels qui ont été mariés et qui ont eu des enfants dans des conditions familiales normales avant d'être, ou après avoir été, homosexuels et qui font l'objet de cas bien particuliers.

Il nous reste a déterminer maintenant comment, dans un thème astrologique, se détecte une prédisposition à l'homosexualité.

COMMENT S'INSCRIT L'HOMOSEXUALITÉ DANS UN THÈME ASTROLOGIQUE

Un thème astrologique est le graphique, ou la *carte du ciel,* qu'établit un astrologue[1] en fonction de la date, de l'heure et du lieu de naissance d'un individu. Muni de ces indications, il calcule la position du Soleil, de la Lune et des planètes à ce moment précis et les oriente selon le lieu de naissance.

Par les angles, ou « aspects », que les planètes dessineront entre elles et selon leur position dans les différents signes et dans les différentes « maisons » astrologiques, l'astrologue sera en mesure de déterminer les caractéristiques physiques et biologiques de la personne et, surtout, ses *prédispositions.*

En effet, l'être humain n'est pas asservi aux influences planétaires : dans une certaine mesure, il demeure libre d'opérer des choix qui sont déterminés par ses désirs, ses besoins, ses prédispositions, mais aussi par son hérédité, par son éducation et par son environnement.

1. On peut également se procurer sa carte du ciel au moyen d'un *Astroflash.*

J'affirme à la page 15 , qu'il est rare de *naître homosexuel.* Cependant, il faut se rendre à l'évidence : des êtres existent, rarissimes il est vrai (environ 5 % de tous les homosexuels), qui semblent venir au monde avec une orientation homosexuelle bien définie. On trouve dans leur thème *plusieurs éléments planétaires qui, tous, prédisposent à l'homosexualité.*

Ce sera notamment le cas lorsque le thème comporte tous les éléments suivants :

a. Vénus en conjonction ou en dissonance à la fois avec Uranus et avec Neptune, l'une de ces planètes étant à l'ascendant, ou bien en maison V ou en maison XI (voir exemple n° 1, p. 21).

b. La Lune en dissonance avec Vénus, ou conjointe à elle (voir exemple n° 2 p. 22).

c. Neptune à l'ascendant, ou conjoint à l'ascendant, ou en dissonance avec lui (voir exemple n° 3, p. 24).

d. Le Soleil en conjonction à Uranus, ou en dissonance avec lui, ce qui peut correspondre aussi à une anomalie génétique et, souvent, à des organes sexuels petits ou mal développés. Cela n'empêche pas l'activité sexuelle pour autant, mais risque de la rendre irrégulière (voir exemple n° 3, p. 24 et n° 4, p. 28).

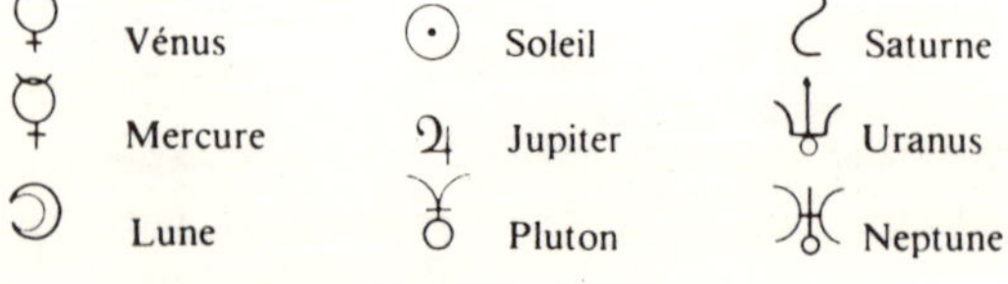

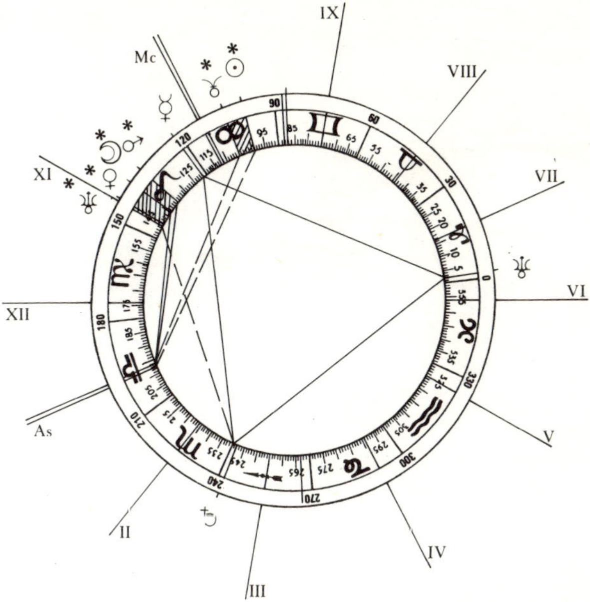

Exemple n° 1

Officier supérieur. *On notera la grande conjonction Lune-Neptune-Vénus-Mars (Vénus et Neptune cernant l'antenne XI) qui combine les éléments cités sous a. et b. A noter aussi la conjonction Soleil-Pluton, qu'on retrouve également fréquemment dans les thèmes d'homosexuels.* Alcool et drogue (désintoxiqué). Homosexuel absolu.

Note de l'auteur : cette carte du ciel a été volontairement inversée par rapport aux suivantes pour bien faire ressortir l'importance de l'amas planétaire à l'MC.

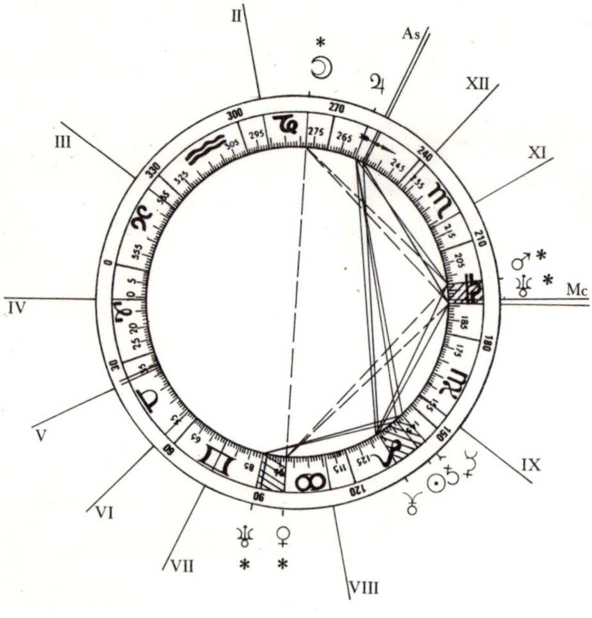

Exemple nº 2

Femme médecin. *La Lune à l'ascendant opposée à Vénus. Vénus conjointe à Uranus en quadrature à Neptune et à Mars, ce qui reproduit les éléments cités sous a. Et l'on retrouve aussi la conjonction Pluton-Soleil (avec Saturne et Mercure).* Pas de drogue, ni d'alcool. Mystique. Homosexuelle absolue.

Pour les quelques cartes du ciel que nous reproduisons ici en guise d'exemples, nous ne donnons ni dates de naissance, ni même d'initiales, pour des raisons évidentes de discrétion. Les astrologues n'auront aucune peine à retrouver les coordonnées nécessaires à leurs recherches. En revanche, nous avons estimé utile de compléter les explications techniques en leur adjoignant quelques données succintes permettant de situer le sujet dans son contexte social.

Donc, l'accumulation des éléments planétaires bien spécifiques décrits sous a., b., c. et d. est infiniment rare. Avec trois seulement de ces quatre configurations, on peut être en présence de ce que l'on appelle, en astrologie, un *homosexuel naturel.* Pour lui, l'orientation homosexuelle ne pose aucun problème. Il ne s'en vante, ni ne s'en plaint : il la vit, tout simplement, et mène une existence parfaitement normale à ses yeux.

En revanche, si un être naît avec de telles configurations et s'il choisit l'hétérosexualité, sa vie amoureuse sera pleine d'embûches, de peines et de complications : il aura choisi de vivre à l'encontre même de ses tendances profondes, acquises de naissance.

Chez une *homosexuelle naturelle,* les éléments seront les mêmes, mais il s'y ajoutera une dissonance de la Lune à Mars ou de Mars à Neptune, ou bien une conjonction de ces astres.

En astrologie — ce fait vaut la peine d'être souligné — l'homosexualité s'exprime bien plus au niveau de l'affectivité et de la sensualité (Vénus) et du psychisme (Lune) qu'à celui de la sexualité ou de la génitalité proprement dite (Mars).

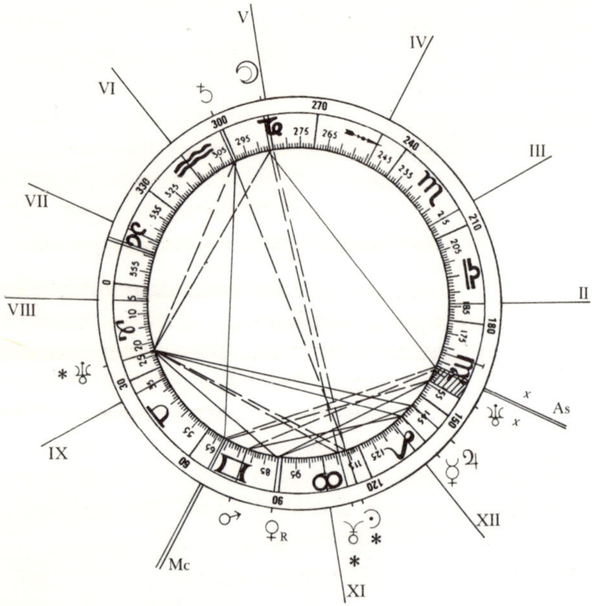

Exemple n° 3

Artiste. *Il réunit Neptune (x), en XII, conjoint à l'ascendant (x) — éléments cités sous c. — et la conjonction Soleil (*) - Pluton (*) en quadrature à Uranus (*) — éléments cités sous d.* A déjà pris de la drogue. Bisexuel avec choix homosexuel.

Mais il existe d'autres formes astrologiques de prédispositions à l'homosexualité, beaucoup plus ténues, et l'on devrait alors parler de *potentiel bisexuel,* avec une orientation homosexuelle relevant d'un choix.

L'orientation homosexuelle que l'on rencontre le plus fréquemment aujourd'hui, dans les thèmes d'adolescents surtout, est déterminée par une dissonance Vénus/Uranus, Soleil/Uranus ou Mars/Uranus (voir exemple nº 4, p. 28). Elle se développe sur le mode d'une révolte, d'une contestation, d'un affranchissement, et s'accompagne de comportements et d'habillements excentriques, de musiques et de danses syncopées, de passion de la vitesse, de la violence et du risque ; elle permet toutes les licences sexuelles, toutes les explorations. Elle fleurit surtout chez les déséquilibrés et les hyperexcités sans puissance sexuelle naturelle réelle, qui abusent souvent de violents stimulants. Son outrance même en condamne la durée et il est rare qu'elle « survive » au-delà de 23 ou 25 ans. Chez certains déséquilibrés toutefois, elle peut ressurgir vers la quarantaine. Cette attitude n'est d'ailleurs pas réservée aux seuls homosexuels.

Une autre forme d'homosexualité, plus calme, plus idéaliste et plus illusoire se retrouve dans les thèmes où Neptune et la Lune sont en conjonction ou en dissonance. Le sujet choisit alors l'homosexualité pour masquer une sorte de peur qu'il éprouve à l'égard de la femme (ou de l'homme), ou parce qu'il a mal vécu sont Œdipe, ou encore parce qu'il éprouve une certaine répugnance sexuelle et se sent davantage en sécurité auprès d'un compagnon (ou d'une compagne) du même sexe, plus compréhensif et plus délicat pense-t-il (ou elle). Il recherchera la compagnie d'artistes et vivra son homosexualité de façon discrète. Mais chez lui, il faut craindre une tendance à puiser dans les médicaments, les tranquillisants ou l'alcool le courage dont il aura besoin pour affronter sa vie sexuelle. S'il sait résister à cette tendance, il pourra vivre son homosexualité de façon assez heureuse et paisible, et conserver longtemps un seul amour. Il saura aussi s'entourer d'amis délicats et raffinés.

Le groupe le plus important est celui des *homosexuels par choix*, dont le thème de naissance marque souvent un aspect Vénus/Uranus qui peut être harmonique, ou dissonant, ou bien en conjonction, appuyé par d'autres configurations harmoniques (voir exemple n° 4, p.28). Ces homosexuels vivent leur homosexualité simplement, sont plus souples dans leurs relations amoureuses, peuvent changer de partenaire sans en faire un drame car ils ne tiennent pas particulièrement à être attachés de façon durable. Ils sont conscients de leur différence, vivent intensément leur présent sans trop se préoccuper de leur avenir. Plus tard, ils essaieront de trouver un compagnon ayant à peu près leur âge et s'organiseront une existence agréable et sans passion.

Enfin, on rencontre le *séducteur homosexuel*, celui qui croit en l'amour homosexuel, qui le poétise, le dramatise, en fait une grande épopée transcendante. Lui, il a Neptune conjoint à l'ascendant (voir exemple n° 3, p. 24). Il veut vivre son rêve, le concrétiser. Il donne à ses amours, à sa vie amoureuse, une dimension universelle : il sait pertinemment qu'il ne pourra pas l'atteindre mais s'obstinera, jusqu'à son dernier souffle, à tenter d'aboutir à une communion amoureuse parfaite...

sans comprendre que c'est sa propre perfection qu'il recherche. Grand artiste souvent, c'est dans son art qu'il exprimera le mieux sa quête désespérée.

Maintenant que nous connaissons les configurations planétaires qui prédisposent le plus à l'homosexualité, il nous appartient de voir dans quelle mesure la présence du Soleil dans les douze signes zodiacaux peut conférer une tonalité spéciale au comportement affectif des homosexuels, hommes ou femmes, et comment chacun d'eux réagira envers ses compagnons ou compagnes du même sexe, appartenant à leur ou aux autres signes.

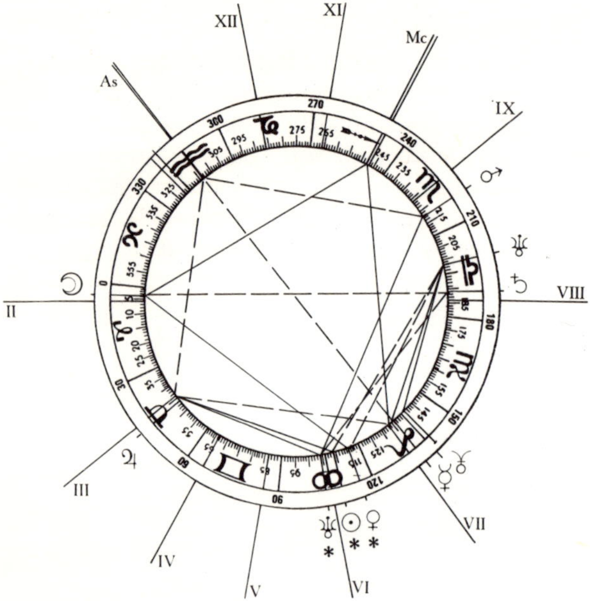

Exemple nº 4

Photographe, mère de famille. *On remarquera la conjonction Soleil-Vénus-Uranus (éléments décrits sous d), d'ailleurs en quadrature avec Neptune. Uranus est en trigone à Mars et la Lune en trigone à Vénus.* Maladie vénérienne *: Mars au Scorpion en quadrature à l'ascendant et conjonction Soleil-Vénus en quadrature à Neptune à la Balance.* Pas de drogue, ni d'alcool. Vit avec une amie, mais a des aventures masculines. Bisexuelle.

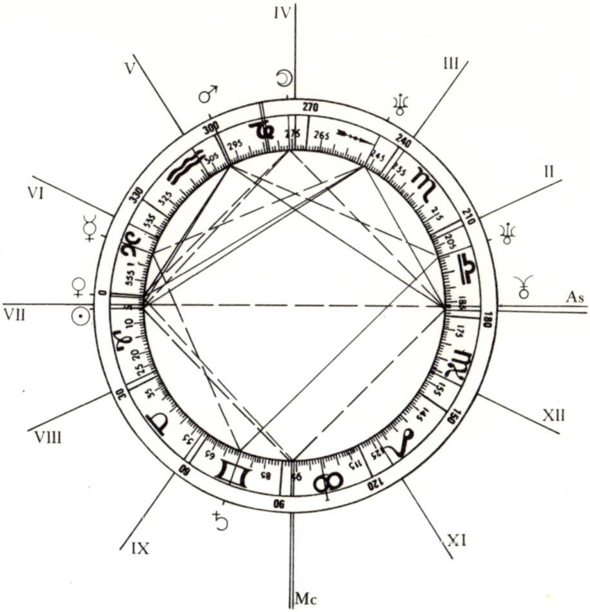

Un exemple tragique.

Enfant de onze ans et demi, prostitué homosexuel. *La Lune est en quadrature à Vénus et au Soleil et l'on retrouve une dissonance Soleil-Pluton, aggravée de Vénus et de la Lune. Pluton à l'ascendant. Mars en quadrature à Uranus.* Orphelin de mère, son père en fuite, il se prostituait pour survivre. Cet enfant est actuellement dans une famille de psycho-éducateurs.

CHANCES D'ENTENTE ENTRE PARTENAIRES HOMOSEXUELS SELON LEUR SIGNE ZODIACAL

Avertissement

Pour chacun des douze signes du zodiaque, nous présenterons l'homme et la femme homosexuels séparément, en dressant un rapide exposé sur leur comportement amoureux en général, puis en précisant, sur les mêmes bases, leurs possibilités d'entente avec les natifs du même signe ou des autres signes zodiacaux.

Une différence parfois subtile, mais qui existe réellement suivant le point de vue d'où l'on se sera placé pour comparer les comportements entre deux signes, se remarquera dans les textes. Il ne s'agit donc pas d'une erreur d'interprétation, mais d'une réalité, si l'on constate une distinction dans les explications destinées par exemple aux Bélier/Taureau et aux Taureau/Bélier.

Nous n'allons évidemment développer ici que les tendances générales, dont on retrouve toutefois très souvent des éléments essentiels dans le caractère et les attitudes des personnes concernées. Ce phénomène apparaît d'ailleurs aussi lorsqu'on étudie certains groupes ethniques. Il y a donc une spécificité zodiacale, au même titre qu'il existe des caractéristiques nationales chez tous les êtres humains.

Cependant, il va sans dire que l'établissement du portrait astrologique *précis* d'un homosexuel, homme ou femme, exigerait le recours à une analyse individuelle, basée sur la date, l'heure et le lieu exacts de sa naissance. Ensuite, il faudrait comparer son thème de naissance propre avec celui de son compagnon, établi avec la même exactitude, pour être en mesure de déterminer les chances d'entente entre les deux partenaires.

D'autre part, pour faciliter la lecture des textes, nous parlerons indifféremment *du* Bélier, de *la* Vierge ou *du* Poissons, que cela s'adresse à un homme ou à une femme Bélier, respectivement à un homme ou à une femme Vierge, à un homme ou à une femme Poissons, c'est-à-dire à un être né sous ce signe zodiacal ou un autre. Cela pourra parfois donner lieu à des juxtapositions inattendues (nom masculin avec qualificatif féminin, etc.) et faire croire à des fautes de style ou d'impression. Il n'en est rien puisque nous avons choisi de procéder ainsi par souci de simplification.

Nous rappelons ci-après les dates de naissance correspondant aux douze signes du zodiaque :

21 mars	au 20 avril	: Bélier
21 avril	au 21 mai	: Taureau
22 mai	au 23 juin	: Gémeaux
24 juin	au 23 juillet	: Cancer
24 juillet	au 23 août	: Lion
24 août	au 22 septembre	: Vierge
23 septembre	au 22 octobre	: Balance
23 octobre	au 21 novembre	: Scorpion
22 novembre	au 20 décembre	: Sagittaire
21 décembre	au 20 janvier	: Capricorne
21 janvier	au 19 février	: Verseau
20 février	au 20 mars	: Poissons

Il faut savoir — et ce sera la conclusion de cet avertissement — qu'il peut y avoir un jour de décalage pour l'entrée du Soleil dans quasiment chacun des signes zodiacaux. Aussi, les personnes nées au moment d'un changement de signe feraient-elles bien de demander à un astrologue de vérifier la position exacte occupée par le Soleil au moment précis de leur naissance.

L'HOMME BÉLIER

HOMOSEXUEL

Le nombre d'homosexuels nés sous le signe du Bélier est moins grand que dans la moyenne des autres signes zodiacaux.

Il est assez rare que l'homme Bélier homosexuel aspire à une relation suivie ou qu'il souhaite vivre en couple. Il recherche plutôt des passions brûlantes et brèves, avec des êtres capables de faire naître en lui des émotions nouvelles ou de raviver un certain goût de l'Aventure, avec un grand A.

Il est donc attiré par des êtres dynamiques ou mystérieux, prêts à s'embarquer dans des projets extravagants qui souvent, d'ailleurs, ne dépasseront pas le cap des belles visions d'un soir. En effet, le Bélier est susceptible de se fatiguer rapidement de ses nouvelles flammes... de peur de transformer ses rêves mirobolants en réalités décevantes.

Il désire avant tout trouver des compagnons de jeu, de lutte, d'idéal, de voyage, de travail, de sport, plutôt que des compagnons de jeux érotiques. Ces derniers l'intéressent peu : il préfère assouvir un désir impérieux et bref en une relation rapide, afin de pouvoir se consacrer à d'autres occupations, qu'il considère plus essentielles.

Constamment tourné vers l'avenir, le Bélier se préoccupe davantage de ce qu'il voudrait faire que de ce qu'il accomplit.

L'homme Bélier
dans ses relations homosexuelles avec les natifs des douze signes zodiacaux

Avec le Bélier

Les rapports entre deux Béliers font penser plus à un combat qu'à une relation paisible. S'ils apprécient tous deux une brève aventure, ils hésitent en revanche à s'engager dans une vie commune durable.

Avec le Taureau

La relation Bélier-Taureau est peu fréquente. Le Bélier aime trop l'aventure et le changement. Le Taureau, quant à lui, est trop attaché à ses aises, à la stabilité, et sa sensualité profonde, insatiable, s'accommode mal des brèves étreintes et du peu de disponibilité du Bélier.

Avec le Gémeaux

Une commune mobilité rapproche le Bélier et le Gémeaux pour de courtes périodes toutefois. Puis ils se quittent sans drame, pour se retrouver en d'autres circonstances, avec plaisir, toujours animés d'une certaine fraîcheur d'âme, toujours curieux l'un de l'autre. Ils ne s'attachent néanmoins pas de façon durable.

Avec le Cancer

Voilà deux rêveurs en présence, mais leurs rêves ne sont pas les mêmes ! Pour le Bélier, ce sont châteaux échaffaudés en Espagne et pour le Cancer, tout est poésie pure : à l'écoute de son âme, de son cœur, il est à la recherche d'un nid que le Bélier est incapable de lui assurer. Ils s'en rendent compte très vite l'un et l'autre et ne se laissent pas leurrer longtemps.

Avec le Lion

Tous deux sont poussés par de solides ambitions mais, alors que le Bélier se contente de les formuler, le Lion, lui, cherche à les réaliser. De plus, il a besoin d'être admiré, d'être servi aussi, ce qui n'entre guère dans les vues du Bélier. En effet, lui non plus n'aime pas qu'on le fasse attendre ou qu'on lui marchande des faveurs : il est bien trop spontané et impatient pour cela.

Avec la Vierge

Qu'ils sont loin l'un de l'autre ! Le Bélier avec sa rapidité de décision, la Vierge avec ses hésitations sans fin : le désir du premier est éteint avant même que son partenaire prenne conscience du sien. Dans ces conditions, Bélier et Vierge ont peu de chances de se rejoindre. Cela ne les empêche pas de devenir de bons copains, passionnés de mécanique, de discussions, partageant certains sports.

Avec la Balance

Les contraires s'attirent et c'est vrai dans leur cas : le Bélier, que l'élégance préoccupe rarement, est séduit par celle de la Balance. Il ne demande aussi qu'à se laisser prendre aux coquetteries et aux grâces que déploie la Balance dans ses efforts de conquête. Mais Bélier et Balance se lassent toutefois vite l'un de l'autre.

Avec le Scorpion

Pour eux, il est difficile de se comprendre. Le Bélier est tout mouvement, constamment en action offensive. Il provoque, puis se retire vivement. Le Scorpion, quant à lui, est tout immobilisme, attente, défensive ; ses réactions sont lentes, mais profondes et impitoyables. C'est une relation dont il faut se défier, qui risque de leur faire du mal. Le Scorpion a un besoin viscéral de posséder, alors que le Bélier aspire à son indépendance.

Avec le Sagittaire

Bélier et Sagittaire partagent les mêmes passions brûlantes et peuvent connaître ensemble des moments d'amour intense. C'est dans le repos que leurs divergences s'affirment : le Bélier revient tout simplement au calme, à ses activités quotidiennes, tandis que le Sagittaire ne souhaite qu'une chose, récidiver, et s'impatiente avec véhémence de l'indifférence de son partenaire d'un instant.

Avec le Capricorne

Il y a de la grandeur et de la rigueur dans cette relation bizarre : c'est la première fois que le Bélier se lasse moins rapidement d'un compagnon. Il faut dire que ce dernier l'intrigue par son apparente froideur. Orgueilleux l'un et l'autre, Bélier et Capricorne poursuivront avec un secret amusement une lutte dans laquelle ils seront heureux de se perdre. La relation ressemble davantage à un défi lucide, à un affrontement, plutôt qu'à une union.

Avec le Verseau

Bélier et Verseau sont capables de très bien se comprendre. L'un et l'autre aiment plaire, choisir librement sans se sentir liés à trop long terme. Une sorte de complicité juvénile les unit : ils flirtent avec d'autres compagnons, ostensiblement, et semblent nourrir leur liaison de ces jeux faussement innocents puisqu'ils risquent de s'y blesser, eux et les autres. Leur brève passion éteinte, il arrive qu'ils restent bons camarades.

Avec le Poissons

Bélier et Poissons : le feu et l'eau, l'impatient et le romantique ! Ils s'essaient à se rencontrer, attirés par leur antagonisme même, mais il est difficile de concilier le mouvement et le rêve. Ils se lassent vite à tant s'épuiser dans cette tentative de se rejoindre sans jamais trouver de points d'appui.

LA FEMME BÉLIER
HOMOSEXUELLE

Très consciente de son orientation, la femme Bélier homosexuelle parvient assez facilement à vivre une relation homosexuelle sans problème.

La plupart du temps, c'est elle qui découvre son homosexualité latente, sans qu'on ait à l'y éveiller. Dès sont enfance, elle est attirée par les jeux réservés aux garçons, les sports, le grand air, au détriment des jeux plus spécifiquement féminins. Bien que très sensible, le Bélier s'efforce de se montrer hardie, rarement coquette. Elle préfère avoir des copains avec lesquels elle entretient des relations saines, franches, sans afféterie : elle se révèle bonne camarade, prête à rendre service, à payer de sa personne pour aider les autres. Elle agit davantage qu'elle ne parle.

En général, elle découvre son intérêt affectif et sensuel pour les femmes au moment de l'adolescence seulement, ou même au seuil de ses vingt ans. Tout se passe très simplement, très pudiquement et elle sait d'emblée que, dans le couple, c'est elle qui va assumer les responsabilités, prendre les initiatives, diriger. Elle est absolument convaincue qu'il ne peut en être autrement.

Mais le Bélier sait aussi qu'elle n'accordera pas beaucoup de concessions : sa compagne devra la prendre telle qu'elle est, comprendre ses impatiences, ne pas l'ennuyer avec des jalousies et des manies infantiles.

Ses moments d'abandon sont rares, mais précieux ; il faut la deviner à demi-mot. Elle ne se perd pas en grandes démonstrations d'amour, mais elle est toujours présente, solide, efficace, sécurisante pour sa compagne.

Qu'on n'abuse pas d'elle toutefois ! Elle pourrait en effet se détacher brutalement, dût-elle en souffrir.

La femme Bélier
dans ses relations homosexuelles avec les natives des douze signes zodiacaux

Avec le Bélier

Il est très rare qu'une relation existe entre deux Béliers homosexuelles. Elles sont plutôt bonnes camarades. Si elles connaissent une relation passionnelle, celle-ci est généralement de courte durée car les deux partenaires se ressemblent trop. Aucune des deux n'accepte de se plier longtemps à l'autorité de l'autre.

Avec le Taureau

Une relation est peu fréquente entre natives du Bélier et du Taureau. Malgré son aptitude à demeurer longtemps fidèle, la première a besoin d'être entourée de davantage de confiance que ce que le Taureau n'est capable de lui accorder. En revanche, le Bélier apprécie l'atmosphère de confort et de sécurité que le Taureau lui apporte et les soins dont elle l'entoure.

Avec le Gémeaux

Le Bélier se sent plus forte que la native du Gémeaux. Les efforts que cette dernière déploie pour la séduire, pour attirer son attention et attiser quelque peu sa jalousie l'amusent pendant un certain temps. Mais gare aux risques de représailles fulgurantes du Bélier qui, en fin de compte, est bien décidée à faire respecter son autorité dans le couple. Cela donne une relation en dents de scie, qui ne manque pas de piquant !

Avec le Cancer

Elles ont autant de volonté l'une que l'autre, même si cette volonté apparaît davantage chez le

Bélier que chez le Cancer. Le Cancer a besoin de se sentir aimée, protégée, comprise ; elle se veut à la fois maternelle et enfant, si bien que la brusquerie du Bélier la dérange, la peine parfois. Leur relation a néanmoins des chances d'être durable, car elles sont sécurisantes l'une pour l'autre... à leur façon.

Avec le Lion

Bélier et Lion subissent une forte attraction l'une pour l'autre. Deux forces se mesurent et s'affrontent : le Bélier est prête à tenter l'aventure de la confrontation ; le Lion, quant à elle, est décidée à imposer son autorité. Une lutte sans fin s'engage, stimulante, et permet à chacune des partenaires de maintenir ses forces vives en éveil. Souvent, le Lion exige plus de présence physique et de disponibilité sexuelle que le Bélier ne peut en donner. Parfois c'est l'inverse : le Lion se fait trop désirer.

Avec la Vierge

La communication n'est pas toujours très facile entre elles. Le Bélier trouve la Vierge trop hésitante, trop raisonneuse, et la Vierge, de son côté, se plaint de l'impulsivité et de l'agitation du Bélier : il est rare qu'elles éprouvent le goût d'expérimenter une relation suivie. Tout au plus sont-elles parfois tentées par une relation rapide, sans avoir envie de la prolonger. Leurs points de vue sont trop divergents, à tous les niveaux.

Avec la Balance

Le côté aventureux et assez viril du Bélier a des chances d'attirer la Balance, dont le charme, les artifices et la coquetterie ne manquent pas, à leur tour, de séduire le Bélier. La relation n'est pas de tout repos, mais les fréquentes prises de bec semblent plutôt stimulantes pour les deux partenaires. De bruyantes séparations ne sont pas à exclure... bientôt suivies de brûlantes retrouvailles.

Avec le Scorpion

Elles accusent toutes les deux un certain comportement viril qui, loin de les éloigner, les rapproche. Elles peuvent former une solide équipe, un bon couple tout aussi bien, et elles s'arrangent pour donner un même but à leur vie commune : voyages, action sociale ou politique, engagement professionnel total, sport de compétition, etc.

Avec le Sagittaire

Il leur est possible de vivre ensemble une passion telle que son intensité même risque de limiter leur union dans le temps. Parce que toutes les deux s'engagent à fond dans une relation sans bien connaître leur partenaire, le réveil peut être brutal et décevant au contact de la réalité.

Avec le Capricorne

La relation homosexuelle féminine Bélier-Capricorne est celle qui se rapproche le plus des normes de la relation homosexuelle entre hommes nés sous les mêmes signes : rigueur, intransigeance, liaison tour à tour brûlante et glacée, vécue dans un défi charnel permanent.

Avec le Verseau

La relation entre le Bélier et le Verseau est une relation intéressante, piquante, changeante. Pas plus l'une que l'autre ne sait généralement à quoi s'en tenir, sauf en de brèves périodes d'intensité amoureuse. Jamais rien n'est définitivement gagné entre elles : elles s'en rendent compte, sans trop s'en préoccuper pour autant.

Avec le Poissons

Le Bélier et le Poissons s'observent beaucoup, cherchent longuement le point de contact ou d'affrontement possible... et le trouvent rarement. Voilà pourquoi, entre elles, la relation se termine souvent avant que d'avoir commencé : un monde les sépare.

L'HOMME TAUREAU
HOMOSEXUEL

Le Taureau s'avère la plupart du temps davantage bisexuel que totalement homosexuel. En effet, il recherche un ou une partenaire capable de lui garantir, le plus longtemps possible, un maximum de stabilité et de sécurité affectives et sensuelles.

Il se méfie des relations homosexuelles rapides, des manœuvres de séduction, du flirt. Il veut un partenaire total, sur lequel il puisse compter « à la vie, à la mort ». Il devient alors attentionné, souvent généreux, fidèle dans la mesure où son compagnon est « physiquement présent ». Il aimera partager avec celui-ci un intérieur confortable, des repas soignés et plantureux, des amitiés de tout repos, des week-ends ou des vacances à la campagne. Mais il se montre également exigeant, pointilleux, très possessif et souvent jaloux. C'est à cause de cette présence pesante qu'il lassera ses partenaires masculins et qu'il trouvera plus rassurant de tenter des expériences avec des femmes.

Les échanges affectifs et sexuels ne suffisent pas au Taureau : il a besoin de satisfactions sensuelles. Il est meilleur partenaire après un bon repas et dans une ambiance confortable, agrémentée de musique et de lumières tamisées, que dans une quelconque arrière-salle ou un autre lieu de rencontre hâtive. Il aime se préparer à l'amour : les surprises et l'improvisation le choquent.

Le Taureau supporte difficilement d'être séparé de celui qu'il aime. Aussi convient-il, avec lui, de ne pas trop multiplier les absences prolongées : on risque de ne pas le retrouver au retour !

L'homme Taureau
dans ses relations homosexuelles avec les natifs des douze signes zodiacaux

Avec le Bélier

La lenteur et la manière de vivre posée et patiente du Taureau sont en contradiction avec la rapidité et l'impatience du Bélier, d'où l'impression, parfois, de ne pas vivre « en même temps ». Le Taureau ne manque pourtant pas de s'émerveiller de la vitesse à laquelle le Bélier est capable de concevoir de nouveaux projets et de s'emballer pour des entreprises hardies. La sensualité de l'un compense la légèreté et la passion fugace de l'autre.

Avec le Taureau

Voilà une relation rare, parce que trop exigeante et trop difficile à tenir au niveau de la réciprocité ! En effet, les deux partenaires ne se privent pas de faire de la surenchère quant à leurs besoins mutuels et d'adopter l'un et l'autre, lentement mais sûrement, les attitudes, les convictions du compagnon, développant ainsi un mimétisme qui va les amener à ressembler à des frères siamois.

Avec le Gémeaux

Eux se ressemblent trop peu pour établir une relation durable. Le Taureau s'accommode mal de la mobilité du natif du Gémeaux qui, de son côté, a beaucoup de peine à supporter l'immobilisme du Taureau. L'un est toute sensualité, l'autre intellectualité. Le Taureau réclame un échange sensuel presque constant, tandis que le Gémeaux a besoin de parler : l'un veut des caresses, l'autre des mots. Il est rare qu'ils parviennent à une entente définitive.

Avec le Cancer

Le couple Taureau-Cancer est un couple qui peut durer. Tous les deux ont le goût d'un foyer stable : le Taureau apporte la chaleur et la sensualité dont rêve le Cancer, et celui-ci donne au Taureau la poésie et l'imagination dont il manque. Il arrive pourtant que cette relation puisse être compromise par l'irréalisme ou l'alcoolisme du Cancer, ou bien par le matérialisme et les exigences excessifs du Taureau.

Avec le Lion

Tous les deux se laissent guider par leurs désirs et par leurs sentiments. C'est plus évident chez le Taureau ; le Lion le lui reproche, bien qu'il soit lui-même aussi avide de présence, d'attention et d'admiration que son partenaire ! Pour qu'une relation ait des chances d'être durable, le Taureau devra accepter de faire des concessions sur certaines de ses prérogatives, ce qu'il fera de mauvais gré, et son cœur s'en trouvera dévoré d'une sourde rancune.

Avec la Vierge

Une relation Taureau-Vierge s'annonce bien : la Vierge aime à parler, à s'expliquer, et le Taureau sait écouter avec patience, du moins en donne-t-il l'impression. Tous les deux se plaisent dans un intérieur confortable, soigné, où la Vierge peut donner libre cours à son goût prononcé pour l'ordre. Ils apprécient également une bonne table. Ils aiment la nature, le bricolage, s'intéressent à mille choses ensemble... et sont aussi sensuels l'un que l'autre : autant d'éléments qui devraient leur permettre d'être parmi les couples homosexuels les plus heureux (comme ce serait d'ailleurs le cas pour un couple hétérosexuel).

Avec la Balance

Ils sont tous les deux de « signe vénusien », mais ce n'est pas suffisant pour les rapprocher. Le Taureau, nous l'avons vu, est fortement sensuel, alors que la Balance joue de coquetterie, manifeste des impatiences, use d'échappatoires qui hérissent le Taureau. On les rencontrera rarement dans une relation homosexuelle suivie.

Avec le Scorpion

Cette relation-là peut être la plus longue, mais aussi la plus usante. Le Taureau et le Scorpion n'ont jamais fini de se mesurer, de se demander ce que l'autre éprouve réellement, quels projets il échafaude. Bref, ils ne se font pas toujours confiance, mais ils ont de la peine à se quitter. L'emprise sexuelle et sensuelle, souvent très forte entre eux, constitue le ciment de leur combat constant. Peu de paroles entre les deux, sauf dans les moments de crise où ils utilisent les mots pour mieux se blesser.

Avec le Sagittaire

Le Taureau et le Sagittaire viennent d'univers trop différents pour avoir réellement le goût de partager leur vie. Ils ont cependant des points communs qui pourraient les rapprocher : un même amour de la nature, de certains sports de plein air, de la mer... pour le temps des vacances !

Avec le Capricorne

Dans une telle relation, le Capricorne cherche souvent à exercer un certain pouvoir, une certaine autorité sur le Taureau, ce qui n'est pas sans plaire à ce dernier. Tous les deux sont sensuels : sensualité plus réservée chez le Capricorne, plus démonstrative chez le Taureau. Ils ont tendance à vivre un peu en vase clos, mais avec intensité et satisfaction.

Avec le Verseau

Tous les deux sont des « affectifs ». Le Verseau, qui passe sont temps à clamer son besoin d'indépendance, ne dédaigne pourtant pas un compagnon stable et fidèle comme le Taureau. Mais ce dernier va-t-il apprécier les fantaisies et les flirts du Verseau ? Rien n'est moins sûr et, curieusement, c'est le Taureau qui pourrait bien prendre l'initiative de rompre dans ce genre de relation.

Avec le Poissons

Ils sont aussi romantiques l'un que l'autre... mais chacun à sa manière. Le Poissons attend en rêvant le Prince charmant, avec lequel il s'identifie d'ailleurs souvent. Le Taureau, lui, piaffe vite d'impatience à voir ses qualités réelles ignorées. Aussi ne s'épuise-t-il pas très longtemps dans sa tentative de s'attacher un compagnon par trop évanescent.

LA FEMME TAUREAU
HOMOSEXUELLE

Comme l'homme Taureau, la femme Taureau homosexuelle est plutôt bisexuelle qu'homosexuelle. Elle ne peut pas se passer de relations affectives et sensuelles et vit presque essentiellement en fonction de ces besoins. Aussi n'accepte-t-elle pas la solitude et recherche-t-elle alors indifféremment une compagne ou un compagnon capable de combler ses désirs du moment.

Lorsqu'elle s'engage dans une relation affective et sexuelle, elle le fait totalement et se révèle presque toujours une excellente compagne, sur laquelle on peut compter et qui donne autant qu'elle reçoit. Mais elle est très exigeante et ne se contente pas de belles phrases, de cadeaux ou de promesses : elle veut sa partenaire à son côté, souvent, tout le temps ! Quant à elle, elle s'occupe beaucoup de sa compagne, presque trop, se soucie de son bien-être, devance ces moindres désirs, sait ne pas se faire oublier, veut tout connaître d'elle, ne lui laisse guère le temps de respirer.

Courageuse, tenace, opiniâtre même, le Taureau ne compte pas ses efforts pour apporter à ceux qu'elle aime le plus de confort matériel possible. Elle va jusqu'à se priver elle-même pour donner, mais demeure toujours consciente du don qu'elle fait, qu'il s'agisse de son temps, de son corps ou de ses biens, et elle ne manque pas de le rappeler à l'occasion.

Le Taureau est parfois d'une franchise brutale. Susceptible et rancunière, elle n'oublie jamais une offense et il lui arrive de bouder des jours et des jours. Mais elle sait aussi mordre dans la vie à pleines dents, donner une intensité particulière aux moments de passion. Voilà pourquoi on reste volontiers auprès d'elle, aussi longtemps que l'on admet et que l'on a la force de subir sa possessivité.

La femme Taureau
dans ses relations homosexuelles avec les natives des douze signes zodiacaux

Avec le Bélier

Son besoin de sécurité et de stabilité rend le Taureau un peu inquiète et doublement jalouse face à sa compagne Bélier toujours en train de foncer dans la vie, d'agir, de se créer de nouvelles relations, de se fixer des buts et des objectifs sans cesse renouvelés. En revanche, le dynamisme de sa partenaire aide la femme Taureau à sortir quelque peu de sa sédentarité.

Avec le Taureau

L'envie de vivre ensemble de façon permanente n'est pas pécisément l'impression que donnent deux natives du Taureau : elles se connaissent trop, ont les mêmes exigences, font preuve d'une égale possessivité et sont aussi jalouses l'une que l'autre. A force de s'observer, de se deviner, de se méfier, elles risquent de se confiner dans un immobilisme qui devient rapidement insupportable.

Avec le Gémeaux

Le Taureau a bien des chances d'être perdante dans une telle relation car il ne fait aucun doute qu'elle apporte beaucoup plus à sa partenaire que ce que celle-ci ne lui donne en retour, tant en soins, en formation, en attention et en disponibilité qu'en biens matériels. Et sa compagne Gémeaux, mobile, changeante et rapide se fatigue vite, quant à elle, d'être l'objet d'une pléthore d'attentions, de trop d'exigences sensuelles.

Avec le Cancer

Voilà une relation qui peut se révéler harmonieuse parce que la partenaire Cancer est capable d'entourer le Taureau d'attention maternelle, de tendresse, d'imagination et de gestes délicats. Entre elles peut exister une atmosphère de quiétude, de détente, détente que le Taureau trouve d'ailleurs rarement avec des partenaires natives d'autres signes. Mais si le Cancer s'avère trop rêveuse, elle va faire ressurgir la méfiance et l'inquiétude chez sa compagne.

Avec le Lion

Le Taureau n'est pas toujours avantagée avec une native de ce signe. Le Lion a besoin d'admiration, d'une constante disponibilité. Son sentiment de supériorité risque d'offusquer le Taureau, qui n'accepte pas facilement de vivre dans l'ombre de sa compagne. C'est pourquoi, au départ, la relation est difficile, sujette à la rupture, ce que ni l'une ni l'autre n'envisageait pourtant.

Avec la Vierge

La relation Taureau-Vierge est apparemment l'une des meilleures relations qui soit. Toutes les deux sont aussi disponibles l'une pour l'autre, pareillement avides d'amour, de présence et de sensualité, prêtes à se livrer totalement dans l'intimité des confidences et soucieuses de vivre un amour sans fin. Si elles parviennent à faire taire leur méfiance, elles peuvent espérer une relation de qualité.

Avec la Balance

Le Taureau et la Balance sont profondément féminines, mais chacune à sa manière. La première reproche à sa compagne ce désir qu'elle a de plaire à tout prix, ses mouvements d'humeur et son agressivité, tandis que la Balance se plaint, pour sa part, de la lenteur, de la possessivité, du manque d'humour et de souplesse du Taureau. Comme toutes les deux n'ont rien à s'envier en matière de susceptibilité, les réconciliations s'avèrent très laborieuses.

Avec le Scorpion

La relation entre le Taureau et le Scorpion peut être une relation passionnelle et profonde, mais loin d'être simple. Les deux partenaires sont rancunières, avec davantage d'esprit de vengeance chez le Scorpion et plus de bouderie chez le Taureau. Les moments de conflit durent aussi longtemps que les moments d'harmonie et de paix. Pourtant, elles se comprennent et s'estiment profondément. Elles sont toujours prêtes à se défendre mutuellement contre tout intrus ou tout adversaire.

Avec le Sagittaire.

Elles n'ont aucun point de contact si ce n'est leur amour commun de la nature, des animaux, et un certain esprit missionnaire, mais abordés sous des angles absolument différents. C'est pourquoi on les voit mal envisager une union de longue durée, ou alors tout au plus une relation passionnelle violente et tourmentée. Et si elles affichent toutes les deux un grand amour pour la musique, elles n'apprécient pas non plus les mêmes genres !

Avec le Capricorne

Elles peuvent se rejoindre parfaitement, mais le Capricorne conserve toujours une certaine distance pour se protéger de l'influence trop envahissante du Taureau, dont elle apprécie la chaleur, la sensualité et la disponibilité. Elles connaissent ensemble des moments d'harmonie profonde, mais épisodiques à cause de la réserve naturelle du Capricorne.

Avec le Verseau

Elles semblent bien différentes l'une de l'autre et pourtant se ressemblent par leur soif d'être aimées et leur désir de vivre une relation qui n'aurait pas de fin. Même si le Verseau joue à l'indépendante, il suffit à sa compagne d'esquisser un mouvement de repli pour qu'aussitôt elle revienne, inquiète à la perspective de perdre une sécurité dont, en bonne Verseau, elle éprouve secrètement et impérieusement le besoin.

Avec le Poissons

Le Taureau et le Poissons sont théoriquement capables de vivre une belle relation : elles sont toutes les deux romanesques. Mais à l'encontre du Poissons, le Taureau ne se contente pas d'imaginer ou de rêver de belles passions ; elle veut les vivre, les concrétiser et n'a que faire de promesses et d'hésitations. Elle finit par être agacée par cette sorte d'insatisfaction chronique qui se retrouve fréquemment chez sa partenaire Poissons.

L'HOMME GÉMEAUX
HOMOSEXUEL

Le natif du Gémeaux, homme ou femme, est très conscient de sa bisexualité. Sans opter définitivement pour l'homosexualité, disons qu'il demeure ambivalent toute sa vie. Ce sont ses pôles d'intérêt du moment, intérêts plus intellectuels que sexuels ou matériels, qui lui dictent dans quel sexe choisir ses partenaires.

Il a avant tout besoin d'un compagnon avec lequel il a la possibilité d'échanger davantage des idées, des concepts, que des sentiments ou des sensations. Il recherche un être capable de se renouveler, quelqu'un de mobile, un peu changeant, de préférence brillant et curieux de tout... comme il l'est lui-même.

S'il apprécie la fidélité, ce n'est cependant pas la qualité primordiale qu'il attend de son partenaire. Il préfère trouver chez lui de la souplesse, de l'adaptabilité, une certaine jeunesse de caractère, de l'intérêt pour les arts, la littérature, la vie sociale et intellectuelle.

Il aime recevoir et être reçu, rencontrer des gens, participer à des conférences, à des activités théâtrales, à des événements mondains. Bref, il est à l'affût de tout ce qui se passe et participe activement à la vie sociale avec son compagnon. Il apprécie les sorties à deux, mais encore davantage les sorties en groupe. C'est pourquoi il redoute les partenaires trop sédentaires.

Sur le plan sensuel et sexuel, le natif du Gémeaux se révèle souvent attentionné, mais pressé et rapide, à moins qu'on ne sache le retenir avec des propos admiratifs qui l'aident à se dépasser. Il est en effet sensible au verbe et sa faiblesse pour les discours amoureux permet de l'aiguillonner, ou au contraire de le décourager par des paroles anodines.

Son côté naturellement juvénil le pousse surtout vers le jeunes compagnons.

L'homme Gémeaux

dans ses relations homosexuelles avec les natifs des douze signes zodiacaux

Avec le Bélier

Leur façon d'aborder la vie donne l'impression d'une course de vitesse. Le Gémeaux s'intéresse à tout et le Bélier, quant à lui, est toujours en train de se fixer de nouveaux objectifs, de nouvelles passions. Son compagnon non seulement s'adapte à ce rythme effréné, mais sait tirer parti des idées, des projets, des concepts de son ami Bélier. Il y a beaucoup d'intensité dans leur relation, beaucoup de curiosité réciproque aussi.

Avec le Taureau

On est en présence de deux êtres qui ne vivent pas à la même cadence. Tout ce qui se passe autour de lui capte l'intérêt du natif du Gémeaux : les autres, les événements sont pour lui une source de curiosité permanente. Plus placide, le Taureau a parfois de la peine à suivre le rythme trop rapide de son compagnon, mais il lui apporte en revanche la stabilité et la sécurité dont le Gémeaux à besoin. Il l'initie aussi aux joies matérielles et sensuelles de l'existence.

Avec le Gémeaux

Leur désir de parcourir un bout de chemin ensemble est réel et sincère. Ils partagent tout — leurs idées, leurs gains, leurs amitiés, leurs loisirs — et savent se rejoindre amoureusement. Mais tôt ou tard leur curiosité naturelle les incite à faire d'autres expériences amoureuses... avec de nouveaux partenaires.

Avec le Cancer

Quelle relation curieuse ! Et pourtant, elle se noue assez fréquemment. Le Gémeaux est intrigué par l'imagination débordante du Cancer, tandis que ce dernier s'émerveille de l'aisance et de la clarté avec laquelle son compagnon sait exprimer ses idées, de la remarquable faculté d'adaptation qu'il manifeste dans le quotidien. Au bout d'un certain temps toutefois, le côté « maternant » et sédentaire du Cancer risque d'irriter le Gémeaux qui, emporté par son besoin de changement et de mouvement, peut créer un sentiment d'insécurité chez son compagnon.

Avec le Lion

Le Lion, par son côté brillant, et le Gémeaux, par sa disponibilité, pourraient s'apporter beaucoup s'ils s'engageaient du plus profond de leur être. Mais ils attendent trop l'un de l'autre, plus que ce que chacun d'eux est capable de donner : leur égocentrisme naturel les sépare dès qu'ils cessent de se témoigner réciproquement l'admiration dont ils ont tellement besoin pour vivre. Alors, tôt ou tard leur relation se transforme en amitié.

Avec la Vierge

Ils sont tous les deux plutôt du genre intellectuel, mais pas de la même façon. Le Gémeaux parle d'abondance, un peu sur tout, tandis que son compagnon aborde en général un seul sujet, sur lequel il tient un discours agrémenté d'une foule de détails. C'est d'ailleurs pourquoi la Vierge a besoin d'un auditeur attentif. Dans la vie amoureuse, c'est pareil : le Gémeaux aime explorer maints chemins alors que, de son côté, la Vierge aspire à la sécurité, à la stabilité et à plus de chaleur attentionnée.

Avec la Balance

Entre eux peut s'établir une relation intéressante, raffinée, pleine d'imprévus. Lorsque le Gémeaux se rend compte qu'il est à l'origine de la mauvaise humeur et de l'irritabilité de la Balance, il est passé maître dans l'art d'amorcer une retraite prudente et diplomatique. La Balance, quant à lui, sait déployer de véritables prodiges de charme pour captiver son compagnon. Il en résulte une relation faite d'escarmouches amoureuses, d'étreintes violentes et rapides, de mots tendres, parfois de disputes virulentes mais brèves.

Avec le Scorpion

Ils n'ont pas grand-chose à se dire, car le Scorpion s'exprime davantage par la force que par la raison. Aussi cette relation est-elle rare ou de courte durée : juste le temps nécessaire au Gémeaux pour s'apercevoir qu'il n'est pas fait pour s'entendre avec le Scorpion dont la sexualité, la jalousie et la possessivité exigent vraiment trop de lui.

Avec le Sagittaire

Rien n'empêche ces pôles opposés de se rencontrer, mais il s'agit alors d'une relation brève et puissante, dans laquelle l'un et l'autre s'essoufflent vite. Les grandes envolées passionnées et les sentiments exacerbés du Sagittaire déconcertent le Gémeaux, tandis que le Sagittaire se décourage rapidement parce qu'il trouve son compagnon par trop dénué d'enthousiasme et de démesure.

Avec le Capricorne

C'est l'union du disert et du logicien... lequel n'est pas aussi froid qu'il en a l'air. Le Gémeaux veut tout faire et tout avoir immédiatement, alors que le Capricorne élabore une lente stratégie. Le premier est trop rapide, le second trop lent, si bien qu'ils ont de la peine à se rencontrer. L'intérêt du Gémeaux est déjà tombé quand le Capricorne se montre enfin prêt. C'est pourquoi leur relation relève plutôt d'un accident, ou d'un miracle : une exception.

Avec le Verseau

Voilà une relation intéressante entre deux êtres qui, souvent, manifestent les mêmes réactions dans l'existence : une certaine légèreté dans la communication, le besoin de plaire, de s'aimer mais sans trop s'engager, d'accepter de se perdre quelques temps pour mieux se retrouver ensuite, le goût de conserver leur jeunesse, ensemble, de vivre « jeune » à tous les âges de la vie.

Avec le Poissons

Gémeaux et Poissons sont trop distraits par tout ce qui les entoure pour être capables de s'accorder une attention réciproque suffisante. L'un autant que l'autre éprouve très fort le besoin de se savoir aimé, apprécié et admiré. Cette dualité commune — qui devrait plutôt les rapprocher — les empêche de se rejoindre totalement, à moins que leur idylle ne soit de courte durée.

LA FEMME GÉMEAUX
HOMOSEXUELLE

A l'instar du natif de son signe, la femme Gémeaux est très consciente de sa bisexualité. En outre, elle aime souvent autant avec sa tête qu'avec son cœur et son corps. Voilà pourquoi elle n'hésite pas à suivre sa raison pour choisir la ou le partenaire avec qui elle pense avoir le plus de chances d'établir une relation correspondant à ses besoins.

Dans sa relation amoureuse et malgré ses attitudes conciliantes, elle s'arrange pour occuper la place du maître. Elle cherche donc à dominer et y parvient sans avoir l'air de s'imposer de force, bien servie en cela par sa diplomatie, la facilité avec laquelle elle sait tirer parti des prétextes, des arguments et même des paradoxes.

Avec elle, la vie n'est jamais monotone, parfois même un peu trop agitée, trop changeante, mais incontestablement pleine de fantaisie. Elle a horreur qu'on lui mente et c'est pourquoi elle est quelquefois méfiante, « plaide le faux pour savoir le vrai ». Astucieuse, elle excelle dans l'art d'attribuer à sa compagne ses propres traits de caractère, bons ou mauvais, d'où parfois des relations orageuses.

Sa jeunesse d'esprit la pousse à vivre, sur le plan sentimental, avec l'intensité et l'inconséquence d'une adolescente, alors que, dans la vie courante et dans son travail, elle étonne par sa maturité précoce. Cela fait partie de ses dualismes naturels dont elle ne se départira jamais.

Amoureuse passionnée ? Elle l'est rarement, mais sait donner le change le temps de brefs instants et entourer sa partenaire de mille autres compensations grâce à sa vivacité, à sa drôlerie, à sa fantaisie et à l'animation qu'elle met dans les choses les plus banales.

Assez flirt, elle sait aussi comment apaiser la jalousie et l'amour-propre de sa compagne avec des propos flatteurs.

La femme Gémeaux
dans ses relations homosexuelles avec les natives des douze signes zodiacaux

Avec le Bélier

Une relation avec le Bélier paraît stimulante au Gémeaux qui trouve en cette partenaire quelqu'un d'aussi animé qu'elle, curieuse de tout, généralement plus active et plus passionnée, capable de mettre davantage d'intensité qu'elle dans tout ce qu'elle entreprend. La relation entre les deux est dense, pleine de force, de mouvement, jamais banale ni monotone.

Avec le Taureau

La femme Gémeaux s'accommode assez bien de la stabilité et de la constance du Taureau, alors que cette dernière a plus de peine à supporter la mobilité et le besoin de changement de sa compagne. Cela rend le Taureau anxieuse et lui donne un sentiment d'insécurité. Des tensions risquent d'en résulter, des conflits, des disputes assez vives d'où la nécessité de consentir de grands efforts de part et d'autre pour qu'une telle relation soit durable.

Avec le Gémeaux

Dans ce cas précis, la relation est surtout une relation d'adolescentes, curieuses de découvrir le monde ensemble, de mettre tout en commun et, si possible, de voyager. Leur périple amoureux, en revanche, n'occupe qu'une fraction de leur vie commune. Leurs exigences sentimentales augmentent cependant avec le temps et elles finissent par chercher de nouvelles sensations auprès d'autres compagnes, sans pour autant se perdre de vue.

Avec le Cancer

Si elle a mal vécu sa relation avec sa mère, le Gémeaux apprécie une relation avec le Cancer, car cette compagne lui apporte et lui apprend la tendresse, l'imagination et le romantisme dont elle a été privée dans son enfance. En d'autres termes, ce genre d'union met plutôt le Gémeaux sous la dépendance du Cancer, si bien que la relation est appelée à se rompre un jour, lorsque le Gémeaux aura acquis sa maturité.

Avec le Lion

Elles se servent l'une de l'autre pour se valoriser. Elles se stimulent pour vivre mieux, pour accéder à une situation sociale supérieure. Bref, elles s'entraident dans leur ascension. Il y a beaucoup d'égoïsme mutuel et conscient dans cette relation qui demeure stable aussi longtemps que chacune y trouve son profit et sa satisfaction personnels. Elles s'admirent réciproquement, ont un certain souci d'esthétique, mais la passion flambe rarement entre elles car les deux partenaires attachent relativement peu d'importance aux sentiments et à la vie amoureuse proprement dite.

Avec la Vierge

La Vierge a besoin de se sentir aimée, admirée, rassurée. Même si le Gémeaux apprécie sa disponibilité, il n'est pas certain qu'elle donne, de son côté, cette confiance chaleureuse, cette présence physique et sensuelle auxquelles la Vierge aspire. C'est pourquoi leur union risque d'être brève, parce que décevante. Le Gémeaux accepte difficilement les reproches et les critiques que la Vierge ne se fait pas faute de lui adresser. Au départ, les chances d'une relation suivie sont donc faibles. Il existe néanmoins des exceptions, surtout si les deux partenaires exercent une profession absorbante : médicale ou paramédicale, enseignement, etc.

Avec la Balance

Cette relation, qui met en présence deux femmes aux réactions vives, rapides, avant tout désireuses de plaire, de s'exprimer, d'explorer ensemble tous les chemins de la vie, est de bon augure. Même si, parfois, il y a échange de pointes acérées, les violentes disputes sont brèves, donc vite calmées et font place à des assauts de coquetterie. Légère, changeante, raffinée, voilà une relation susceptible de combler les deux partenaires par sa mobilité même.

Avec le Scorpion

Deux caractères forts et dominateurs, bien que d'une manière très différente, rendent cette relation rare et difficile. En effet, les attaques rapides et brillantes du Gémeaux se heurtent constamment à la résistance passive et tenace du Scorpion qui choisit l'instant propice pour réagir brutalement au moment le plus inattendu. Il s'agit donc davantage d'une lutte que d'une union, d'un combat à armes égales, mais combien douloureux et stérile, dont seul un immense amour... ou beaucoup de chance peuvent maîtriser les risques.

Avec le Sagittaire

Le Gémeaux et le Sagittaire sont les premières étonnées de se trouver ensemble. L'une toute de vivacité intellectuelle, l'autre toute de passion, elles s'attirent et s'attisent, pareilles au vent avec le feu. Arrive un bon orage et plus rien ne subsiste de ces belles flammes crépitantes : une passion à vivre, juste le temps d'une flambée, sans se laisser brûler trop profondément.

Avec le Capricorne

Jeunesse et maturité, légèreté et rigueur, insouciance et sérieux : autant de qualités différentes qui pourraient se compléter, mais opposent plutôt qu'elles ne rapprochent le Gémeaux et le Capricorne. Et puis, l'une veut absolument dominer l'autre, et vice-versa ! Aucune des deux ne parvient à s'adapter au mode de vie de sa partenaire. Cette relation difficile a pourtant une chance d'exister entre des femmes très intellectuelles et dont la mission sociale ou professionnelle prend le pas sur toute autre considération. Mais l'amour vrai, l'amour-passion ne trouve pas souvent son compte dans une telle relation.

Avec le Verseau

Dans cette relation-là, la vie intellectuelle joue aussi un grand rôle, mais cela se passe légèrement, avec agrément et fantaisie. Même absorbées par des préoccupations différentes, le Gémeaux et le Verseau sont capables de se comprendre, d'avoir le même rythme de vie : elles partagent, elles discutent. Elles ont également en commun le goût des voyages, d'une vie sociale animée, parfois un peu extravagante. Elles assument leur différence amoureuse sans problème, en parlent volontiers entre elles et avec autrui et s'organisent une vie intime pleine d'originalité et très satisfaisante.

Avec le Poissons

Elles parviennent rarement à se rejoindre. Le Gémeaux est trop rapide pour cette compagne rêveuse, évanescente, qu'elle a de la peine à comprendre... ce qui lui fait perdre patience. Quant au Poissons, tant de mobilité et de fantaisie de la part du Gémeaux la découragent et l'attristent. Si elles vivent une relation ensemble, c'est une relation brève, qui les intrigue tout d'abord... et les déçoit bien vite.

L'HOMME CANCER
HOMOSEXUEL

Le Cancer est le signe du zodiaque qui compte le plus d'hommes homosexuels. Cela s'explique surtout par le fait que ses liens affectifs avec sa mère comptent beaucoup pour le natif du Cancer et qu'ils sont fréquemment soit excessifs, soit insuffisants ou mal établis. Ils déterminent alors chez l'enfant le désir de recréer, tout au long de sa vie, une relation maternelle conforme à son idéal.

C'est souvent dans une union homosexuelle qu'il y parvient le mieux, mais il s'y attribue le rôle prédominant. Il s'arroge le droit de concevoir le « nid » où il installe ses amours et cherche, en général, un partenaire très jeune, ou en tout cas nettement plus jeune que lui. Ainsi, il lui est plus facile d'inculquer à son compagnon tout l'enseignement qu'il aurait souhaité recevoir lui-même, non seulement en matière de tendresse, d'amour, de sensualité, de sexualité, mais encore en culture générale, en philosophie, en psychologie, en art de vivre.

La « maison », l'appartement, l'endroit où il vit est l'objet constant de toute son attention et, s'il change de partenaire, il transforme son « lieu », le reconstruit en fonction de sa nouvelle flamme, quels que soient ses moyens.

Le Cancer témoigne de beaucoup de tendresse, de présence, d'exigences dans sa relation amoureuse et il imagine difficilement une relation sexuelle sans amour : cela le laisse désabusé, amer, triste.

Très susceptible, très vulnérable aussi, le Cancer souffre des moindres dissensions qui surgissent dans sa vie sentimentale. C'est un romantique absolu, un écorché vif qui, trop souvent, a tendance à régler ses problèmes affectifs par l'alcool ou même par la drogue.

L'homme Cancer
dans ses relations homosexuelles avec les natifs des douze signes zodiacaux

Avec le Bélier

Ils sont tous les deux dotés d'une imagination débordante : davantage tournée vers le rêve chez le Cancer, plus dynamique chez le Bélier. Pourtant, malgré ce que l'on serait tenté d'en conclure, c'est souvent le Cancer qui pousse son compagnon à aller de l'avant et qui lui donne le goût de foncer, de se lancer dans de nouvelles entreprises. L'impression qu'il donne, parfois, d'attendre le Bélier n'est rien d'autre qu'une patience pleine de curiosité, mais attentive, qui lui permet de tirer parti des efforts dans lesquels il laisse s'épuiser son compagnon. Le pouvoir de persuasion du Cancer s'exerce avec beaucoup de souplesse, de discrétion... ce qui n'empêche pas qu'éclatent, au sein du couple, des colères et des mouvements de violence inouïs et cela autant de la part du Cancer que du Bélier.

Avec le Taureau

Les deux êtres en présence attachent beaucoup d'importance au confort de leur vie quotidienne. Ils se construisent un nid douillet dans lequel il fait bon revenir. Ils partagent le même goût pour un intérieur plein de trouvailles, qui respire le bien-être. En général, leur table est excellente, le Cancer étant plutôt gourmet, le Taureau plus gourmand. Bref, ils savent apprécier les agréments de l'existence et leur mélange de grande sensualité, d'imagination et de rêve apporte à chacun d'eux de profondes satisfaction.

Avec le Gémeaux

Voilà une relation qui se rencontre assez rarement. Lorsqu'elle se produit, c'est le Cancer qui joue le rôle du « professeur ». Quant au Gémeaux, il sait prendre de son compagnon toute la culture, toute la sensibilité dont il est quelquefois dépourvu lui-même. Leur union ne dure guère car, s'ils sont capables de vivre l'un à côté de l'autre, ce n'est en revanche jamais — ou presque — profondément ensemble, sauf pour un temps relativement court.

Avec le Cancer

Une relation entre deux natifs du Cancer est plus fréquente qu'on ne le croit. Ils se savent tous les deux sensibles, vulnérables, dépendants l'un de l'autre, et pourtant dotés d'une volonté à ne pas sous-estimer. Ils pensent être plus forts à deux, mieux à même de vivre leurs fantasmes et de se construire un foyer agréable, confortable, dans lequel ils auront tendance à se créer un univers fermé, assez secret.

Avec le Lion

L'attirance est extrêmement forte entre eux et c'est peut-être l'unique relation homosexuelle dans laquelle le Cancer abandonne totalement son droit de préséance pour devenir le compagnon absolu du Lion. Il l'entoure de tous les soins et de toute l'admiration dont ce dernier a tellement besoin. A la maison, curieusement, c'est le Cancer qui mène la barque et sait se faire respecter. A l'extérieur en revanche, il cède volontiers la première place à son compagnon. Cette relation a beaucoup de chances d'être pleine, stable, et elle constitue aussi en elle-même une sorte d'univers fermé.

Avec la Vierge

Une excellente relation est possible entre le Cancer et la Vierge. Ils savent se créer une vie agréable, à la fois pleine d'imagination et d'ordre, de fantaisie organisée. Ils s'écoutent, s'entraident, se supportent pour le meilleur et pour le pire. Ce sont toutefois deux anxieux et, survienne un événement qui trouble leur harmonie, tout est remis en cause. Puissent-ils l'un et l'autre être assez forts pour ne pas recourir à l'alcool, à l'abus de médicaments, sinon ils risquent de connaître la dérive à deux. Dans les moments difficiles, il ne faut surtout pas qu'ils abandonnent le dialogue : le silence est leur ennemi irréductible.

Avec la Balance

Avec autant de susceptibilité de part et d'autre, une relation harmonieuse est bien aléatoire. La Balance éclate en de fulgurantes et brèves colères... et le Cancer boude. Ils ont pourtant le désir sincère de vivre ensemble, partagent un certain intérêt pour les arts, le farniente, la sociabilité, la vie au foyer, et se sentent émotivement très proches. Mais ce n'est qu'au prix de réelles concessions mutuelles qu'une union a des chances de s'établir d'une manière prolongée.

Avec le Scorpion

C'est le Scorpion qui tend à imposer sa volonté et son autorité dans cette relation... et pas toujours avec diplomatie ! Cependant, il existe de larges possibilités d'entente entre eux, grâce à des désirs affectifs, sensuels et sexuels aussi forts chez le Cancer que chez le Scorpion et, en dépit des orages et des conflits occasionnels, grâce aussi à leur besoin impérieux et commun de stabilité. L'un et l'autre n'oublient jamais rien, ni la moindre joie, ni la moindre peine ; c'est ce qui cimente leur union.

Avec le Sagittaire

L'eau et le feu ! En d'autres termes, toutes les imaginations et toutes les passions dans leur démesure. Toutes les patiences contre toutes les impatiences : une relation orageuse, aussi difficile à vivre pour le Sagittaire que pour le Cancer et qui, au départ, a peu de chances de se révéler viable. Mais ils en conserveront tous deux un souvenir ébloui.

Avec le Capricorne

On dit que les contraires s'attirent et c'est vrai dans leur cas : l'imagination contre la rigueur, la tendresse contre la froide passion. Le Cancer et le Capricorne sont constamment en train de se mesurer, de s'observer, sans beaucoup s'expliquer, mais il existe entre eux une entente tacite, une connivence qui se passent de mots. Seuls des événements graves peuvent les séparer, mais la rupture est alors définitive.

Avec le Verseau

Une légère brise sur une rivière ! Ils s'effleurent sans se bouleverser, sans s'amalgamer véritablement. Ils se plaisent, peuvent flirter, s'étudier, mais sans se comprendre vraiment. Le Cancer et le Verseau vivent dans la crainte de ne jamais pouvoir atteindre, avec leur compagnon, la complète satisfaction sentimentale dont ils ont chacun un impérieux besoin. Par conséquent, leur union est vouée à la brièveté.

Avec le Poissons

A première vue, une relation entre eux paraît assez facile puisqu'elle met en présence deux rêveurs, deux romantiques. Mais l'un, le Cancer, aime diriger sans en avoir l'air et l'autre, le Poissons, est rebelle à toute forme d'autorité. Deux issues s'offrent à eux : s'ils sont l'un et l'autre trop passifs, ils supportent très longtemps une relation dans laquelle ils ne sont pas heureux, sinon le plus impatient s'arrange pour prendre la fuite.

LA FEMME CANCER
HOMOSEXUELLE

Si l'homosexualité se rencontre assez fréquemment chez un natif du Cancer, c'est moins souvent le cas chez la femme née sous ce signe zodiacal. Profondément féminine, celle-ci est, la plupart du temps, davantage mère qu'amoureuse ou amante et son choix se porte de préférence sur une relation hétérosexuelle capable de lui assurer — du moins l'espère-t-elle — une vie familiale normale.

Parmi les homosexuelles du Cancer, il en est qui font passer leur devoir familial (envers leurs parents, frères ou sœurs à élever, par exemple) ou leur carrière (médicale, paramédicale, universitaire, etc.) avant toute chose et surtout au détriment de leur vie privée. Vers la quarantaine ou la cinquantaine, quand elles n'ont pas rencontré un compagnon adéquat et lorsque les obligations de famille ou autres sont réglées, il arrive qu'elles éprouvent le goût de former un couple avec une partenaire. Il s'agit alors seulement d'une solution de rechange, consciemment acceptée, ou bien de la reconnaissance implicite d'une inclination non vécue jusque-là par crainte du jugement familial et pour toutes sortes de raisons tenant au milieu, à l'éducation.

Il existe néanmoins de jeunes homosexuelles natives du Cancer. Elles sont rares et assument leur différence avec une assurance qui confine au défi. Elles font preuve d'un certain esprit de contestation face à leur milieu : leurs amours sont alors plus tumultueuses que la moyenne.

Dans une relation homosexuelle, le Cancer n'est jamais à la merci, ni à la disposition de sa partenaire. Elle marque au contraire son autorité sur sa compagne avec passablement d'audace. On peut dire que, dans ces circonstances, elle donne une image très différente de ce qu'elle est naturellement.

Le Cancer est également très attirée par les mouvements féministes. Parfois, elle n'hésite pas à recourir à des stimulants tels que l'alcool, la drogue, les médicaments, etc. Elle peut aussi vouloir concilier sa vie homosexuelle avec un grand désir de maternité et prôner son idéal d'une société matriarcale. Contrairement à l'homme Cancer qui vit son homosexualité de façon discrète, elle l'étale aux yeux de tous, sans prudence, ni pudeur.

La femme Cancer
dans ses relations homosexuelles avec les natives des douze signes zodiacaux

Avec le Bélier

La femme Cancer se trouve extrêmement stimulée et intriguée par l'attitude désinvolte et passionnée du Bélier. Elle l'admire sans toujours pouvoir la suivre, si bien qu'elle élabore soigneusement plans et projets pour la stabiliser davantage, l'amener à entrer dans son univers de rêve et lui faire apprécier les joies d'un foyer, d'un nid douillet. Elle se montre volontiers maternelle à l'égard de sa compagne et peut ainsi nouer une relation de qualité avec le Bélier... mais pas exempte de tensions et de querelles parfois vives.

Avec le Taureau

Une relation entre le Cancer et le Taureau a toutes les chances d'être excellente : toutes les deux recherchent ardemment la quiétude, la confiance, la chaleur, la tendresse, le confort, et sont capables de s'apporter mutuellement cet environnement de qualité. Le Cancer étant plus maternelle, le Taureau plus sensuelle, elles combinent leurs besoins et se rejoignent profondément.

Avec le Gémeaux

Elles s'observent... avec un peu de méfiance parfois, surtout de la part du Cancer qui, habile à manipuler les autres sans en avoir l'air, constate avec étonnement que le Gémeaux agit de la même façon, mais à découvert. Il y a trop d'imagination et de rêve du côté du Cancer, trop de contacts superficiels et de curiosité intellectuelle du côté du

Gémeaux pour que la relation dure longtemps. En revanche, les deux partenaires peuvent demeurer amies, même après une passion relativement mal vécue.

Avec le Cancer

Une relation entre deux natives du Cancer est rarissime... absolument inattendue ! Si elle s'établit néanmoins, elle peut se révéler assez complexe, presque narcissique, faussement maternelle, pleine d'implications psychiques compliquées. Elle est tour à tour très pure, très imaginaire, hautement idéalisée, puis soudainement d'une exigence sexuelle débordante.

Avec le Lion

Pour la femme Cancer, c'est bien avec une native du Lion qu'elle établit le plus souvent une relation homosexuelle. En effet, elle trouve dans cette compagne une sorte d'idéal affectif, de domination espérée, un être fort à aimer et à admirer, qui est tout pour elle et pour qui elle est prête à aller jusqu'au sacrifice... du moins le croit-elle ! En tout cas, cette union exigeante comble son besoin d'absolu.

Avec la Vierge

Voilà une relation vécue discrètement, dans un monde d'ordre, de compréhension réciproque, avec juste assez d'imagination et de fantaisie pour que ce ne soit pas trop monotone. Le Cancer et la Vierge sont très attachées à leur foyer. En outre, elles partagent volontiers un idéal social ou spirituel commun.

Avec la Balance

Une relation entre le Cancer et la Balance est intéressante, agréable, car les deux femmes aiment à parler d'amour, à rêver d'amour. Elles s'organisent une vie aussi plaisante que possible, s'entourent de jolis objets et apprécient les Beaux-arts. Mais l'une et l'autre sont hypersensibles, donc vite blessées, et doivent par conséquent apprendre à communiquer entre elles avec infiniment de délicatesse et de diplomatie.

Avec le Scorpion

Dans cette relation très intense, le Scorpion prend d'emblée la place prédominante, donne ses directives, surtout en matière sexuelle où ses exigences sont plus fortes, plus impérieuses. Les rôles sont souvent distribués de la manière suivante : le Cancer veille sur le foyer, tandis que le Scorpion gagne la vie du couple.

Avec le Sagittaire

Le Cancer et le Sagittaire sont aux antipodes l'une de l'autre, sauf en de rares moments durant lesquels la première se montre étrangement attirée par la vive passion du Sagittaire. Il ne semble toutefois pas que cela suffise pour aboutir à une relation durable.

Avec le Capricorne

Il s'agit d'une relation assez rare, sauf si le Cancer et le Capricorne ont toutes les deux un certain âge, ou alors si une grande différence d'âge les sépare. Dans ce dernier cas, c'est le Capricorne qui choisit une compagne jeune pour la former à son goût... mais il n'est pas sûr que cette dernière supporte longtemps une telle dépendance.

Avec le Verseau

Le Cancer et le Verseau ne sont pas faites pour vivre ensemble une relation durable : juste un moment de rêve et de fantaisie, sans grands lendemains. Leurs caractères sont en effet par trop dissemblables.

Avec le Poissons

Le Cancer et le Poissons ont bien des chances de connaître une relation très romantique, non exempte d'orages et de larmes, mais riche de sentiments et de sensations rares. Elles rêvent leur amour plutôt qu'elles ne le vivent, mais tout est pour le mieux dans le meilleur des mondes puisque à leurs yeux c'est ce qui en fait toute la valeur. Elles sont toutes les deux pleinement femmes et bien décidées à explorer toutes les ressources de leur féminité. Une belle relation, oui, à condition qu'elles ne touchent ni aux drogues, ni à l'alcool qui en feraient des ruines.

L'HOMME LION
HOMOSEXUEL

Le fait d'être homosexuel n'empêche nullement le Lion de chercher à étendre sa domination sur les femmes : son besoin de séduire, viscéral, s'exerce aussi bien sur son entourage professionnel et social que sur ses amis et amants.

Son besoin est constant d'avoir, autour de lui, une petite cour d'admirateurs... ou au moins un être à sa dévotion. Lorsque les amis se font rares, il promène une solitude hautaine, de très courte durée ! Il lui faut des spectateurs même quand il souffre et il s'arrange pour que sa souffrance soit intéressante ; ou bien il s'engage dans quelque mission, mystique de préférence.

Tout cela paraît naïf ou même ridicule. Il s'agit pourtant de sentiments ressentis intensément. Il y a en permanence un peu d'outrance dans les attitudes du Lion, surtout lorsqu'il est homosexuel, mais cette outrance est toujours vraie. Elle correspond à un besoin profond d'extérioriser toutes ses réactions. Voilà pourquoi c'est parmi les natifs de ce signe zodiacal que l'on trouve les homosexuels qui affichent le plus leur différence, quitte à la souligner par des extravagances vestimentaires, voire à se travestir carrément. Quand, inversement, le Lion vit son homosexualité plus discrètement, il met un tel acharnement à la dissimuler que son attitude devient tout aussi révélatrice en soi.

Dans tous les cas, le Lion attache une extrême importance à son homosexualité, laquelle occupe la majeure partie de ses pensées. Il se conduit en maître et seigneur dans sa relation amoureuse, prend d'autorité la première place dans le couple et trouve normal que son partenaire soit à son entière disposition.

Si le Lion entend d'une part être admiré, il a besoin d'autre part d'avoir à son côté un compagnon dont il peut être fier. C'est pourquoi ce partenaire ne doit jamais relâcher ses efforts pour être à la hauteur des exigences de son ami.

L'homme Lion
dans ses relations homosexuelles avec les natifs des douze signes zodiacaux

Avec le Bélier

Voilà une relation qui permet au Lion de tirer parti des élans et des initiatives de son compagnon. Mais il aide aussi le Bélier à mener à bien ses entreprises en lui apprenant à se montrer plus persévérant et plus tenace. Tous les deux sont passablement dominateurs. Le Lion sait toutefois mieux imposer sa volonté, laquelle ne manque pas d'être stimulée par le dynamisme du Bélier. Des affrontements risquent de se produire à cause de la forte personnalité de chacun d'eux, mais ils en sortiront vainqueurs... à tour de rôle.

Avec le Taureau

Ce sont des sentiments identiques qui mènent le Lion et le Taureau : l'orgueil, la rancune, la possessivité et la jalousie... mais aussi le désir de vivre très intensément, tant sur le plan social que dans leur vie privée. Leur relation est rarement discrète et leurs scènes, parfois épiques, font la joie de leurs amis. Ils partagent tous les deux le goût d'une vie large et confortable.

Avec le Gémeaux

Cette relation se présente sous d'heureux auspices, mais il est probable qu'elle profite surtout au Lion qui sait tirer parti de l'habileté et de la souplesse de son compagnon pour l'amener à établir des contacts sociaux et professionnels que sa fierté l'empêche de nouer lui-même. Leur union est plus intellectuelle que passionnée et ils peuvent mener une vie intéressante sur le plan social, participer à de nombreuses activités culturelles ou artistiques.

Avec le Cancer

Il est très fréquent que le Lion et le Cancer établissent une relation. Pourtant, qu'ils sont différents l'un de l'autre ! Le premier est tout d'instinct, de besoin de domination, de force, de fierté, de confiance en soi... et le second tout de sensibilité, de disponibilité, mais aussi d'une sorte de fierté intérieure, de susceptibilité et de force psychique étonnante. Contrairement aux apparences, ce n'est pas le Lion qui domine automatiquement. Le Cancer peut se révéler extrêmement manipulateur et habile à faire valoir ses idées, ses conceptions. Ces deux partenaires éprouvent toute leur vie une très forte attirance l'un pour l'autre, même s'ils rompent leur relation. Quoi qu'il arrive, cette expérience amoureuse reste incontestablement l'une des plus marquantes de leur existence.

Avec le Lion

Une relation entre deux natifs du Lion est impensable... ou presque. En effet, c'est une course effrénée vers l'impossible perfection, alimentée par une constante surenchère : chacun s'épuise à vouloir surpasser son compagnon. S'ils sont égocentriques au point d'oublier leur partenaire, ils vivent alors l'un à côté de l'autre, sans être vraiment « ensemble ».

Avec la Vierge

Ni l'un ni l'autre n'est entièrement satisfait de cette relation : le Lion est heureux d'avoir un compagnon qui le décharge des tracas de la vie quotidienne, mais a de la peine à accepter ses critiques et ses récriminations, alors que la Vierge rechigne à rester constamment béat d'admiration devant son partenaire.

Avec la Balance

Si le Lion parvient à s'abstenir de heurter trop souvent la susceptibilité de la Balance, leur relation est agréable et a bien des chances de durer. En effet, ils partagent le même goût pour les arts, les belles choses et les êtres raffinés, ce qui leur permet de vivre une existence pleine de charme.

Avec le Scorpion

Seule une forte attraction sexuelle peut réunir le Lion et le Scorpion, mais elle n'est pas exempte de violence, d'agressivité, d'affrontements. La plupart du temps, cette relation est passagère et une fois la rupture consommée, il risque de subsister en chacun d'eux une certaine amertume, de la rancune, voire un goût de vengeance.

Avec le Sagittaire

Voilà une relation pleine de passion, de feu... et de flammèches parfois : il est difficile en effet de se tenir en état d'exaltation permanente. Le Lion et le Sagittaire ont un goût commun pour la vie large, luxueuse, pour les relations sociales intéressantes. Ils aiment les concerts, le théâtre, les réceptions, les sports de qualité, cherchent à s'élever ensemble socialement et s'épaulent pour cela en toute circonstance.

Avec le Capricorne

Entre le Lion et le Capricorne, c'est l'affrontement : deux orgueils qui ne cèderont jamais ! Leur relation peut pourtant être durable, mais elle est difficile, dominée par une passion tantôt brûlante, tantôt glacée, dans laquelle il n'y a pas plus la notion de couple que de vainqueur ou de vaincu.

Avec le Verseau

Lorsqu'ils éprouvent une vive attraction l'un pour l'autre, elle est passagère. Le Lion se fait fort d'apprivoiser l'inconstant Verseau qui, de son côté, a très envie de dompter son orgueilleux compagnon. Devant l'évidence d'un échec plus que probable, chacun abandonne toutefois très vite cette entreprise aussi utopique.

Avec le Poissons

Une relation entre le Lion et le Poissons n'est pas à exclure d'emblée, aussi curieux que cela paraisse et même précisément parce qu'elle semble condamnée au départ. En effet, le Poissons ne dédaigne pas de fournir, de temps à autre, un certain effort pour captiver le Lion. Ce dernier, quant à lui, est très intrigué par la disposition naturelle qu'a le Poissons d'échapper aux emprises les plus fortes : l'esprit de conquête du Lion s'en trouve d'autant plus stimulé et renouvelé.

LA FEMME LION
HOMOSEXUELLE

La femme née sous ce signe zodiacal n'a aucune peine à vivre bien et intensément une relation homosexuelle. Cela convient parfaitement à sa nature de dominatrice et sa compagne est choisie selon des critères d'esthétique préétablis. Le Lion éprouve souvent un malin plaisir à séduire une jeune femme déjà convoitée par un homme et elle s'amuse à faire en sorte que la malheureux rival soit au courant de sa déconfiture.

A part quelques natives tard venues à l'homosexualité et qui la vivent avec un sens tellement aigu de culpabilité qu'une psychothérapie est parfois nécessaire, le Lion assume sa différence sexuelle avec un certain panache et n'hésite pas à l'affirmer très ouvertement.

En tout cas, c'est elle l'élément fort du couple : elle entend diriger entièrement la vie et les choix de sa compagne, lui laisse donc peu de liberté et exige d'elle — à tous les niveaux — beaucoup plus que ce qu'elle-même ne lui apporte.

Aux yeux des autres, le Lion donne l'impression de faire ou d'avoir tout fait pour sa compagne, de lui avoir tout appris, tout donné pour lui permettre de devenir une femme accomplie. La réalité est pourtant bien différente : elle a profondément marqué sa partenaire de son empreinte et l'a amenée à être le reflet exact de ce qu'elle, le Lion, souhaitait, l'empêchant ainsi de s'épanouir selon ses propres aspirations.

La femme Lion possède en effet un tel idéal affectif qu'elle éprouve sans cesse le besoin de façonner sa compagne à l'image qu'elle s'en fait. Elle opère une véritable création amoureuse, pas toujours réussie d'ailleurs... ni pour l'une, ni pour l'autre. La générosité du Lion est très surfaite : qu'il soit femme ou homme, il ne donne que pour recevoir, peut-être pas de la même manière, ni sur le même plan, mais de toute façon en vue d'une compensation.

La femme Lion
dans ses relations homosexuelles avec les natives des douze signes zodiacaux

Avec le Bélier

Le Lion et le Bélier entretiennent une relation forte, puissante, passionnée, et qui ne manque pas d'être assez curieuse : elles sont aussi dominatrices l'une que l'autre et font souvent preuve d'une certaine virilité, si bien que leur entente tient plutôt de la complicité que de la complémentarité. Ambitieuses toutes les deux, elles ont le goût de l'action et du progrès. Elles sont capables de mener leur vie d'une façon extrêmement positive, sans avoir tellement besoin des autres.

Avec le Taureau

Toutes les deux sont sensibles, sensitives, possessives, jalouses et rancunières. Ces sentiments se manifestent avec plus de panache chez le Lion, davantage de retenue chez le Taureau, mais avec une égale intensité. C'est pourquoi les deux partenaires sont tour à tour ombrageuses et exigeantes, et atteignent rarement aux moments de perfection qu'elles souhaitent autant l'une que l'autre.

Avec le Gémeaux

Voilà une relation qui peut être agréable, mais rarement profonde. Le Lion attend en effet davantage d'une union, mais elle trouve en sa compagne Gémeaux une sorte d'intermédiaire active, qui lui ouvre bien des portes et la met en contact avec beaucoup de gens... ce qui sert ses projets d'ascension dans l'échelle sociale.

Avec le Cancer

Lorsqu'une relation s'établit entre les natives de ces deux signes zodiacaux, elle n'est peut-être pas toujours facile, mais complémentaire, et revêt une grande importance. Le Lion cherche à dominer sa compagne, mais le Cancer sait freiner cette tendance grâce à des astuces assez étonnantes, à une force de persuasion rare, quoique peu extériorisée. Dans cette union, chacune prend pleinement son rôle et ses responsabilités à cœur. On pourrait même affirmer qu'elles forment, ensemble, un couple à caractère pour ainsi dire hétérosexuel, tellement le côté viril de l'une des partenaires est bien assumé.

Avec le Lion

Difficile à concevoir cette relation, car chacune des partenaires doit, si elle veut dominer le couple, se dépenser sans compter dans d'incessants assauts, dans une surenchère permanente ! Au début, cette tentative de parvenir à une union parfaite, hors du commun, transcendante, peut être stimulante. Mais Lion et Lion sont trop réalistes pour s'obstiner, par la suite, à concrétiser un projet irréalisable. Toutes les deux en garderont toutefois un souvenir ému, impérissable.

Avec la Vierge

Ce couple se forme assez fréquemment, dans une relation de dépendance, surtout pour la Vierge qui recherche volontiers ce lien de domination. Non seulement elle s'en accommode, mais elle s'arrange pour se rendre indispensable à sa compagne en prenant en charge toutes les corvées de la vie quotidienne et en ne cessant un instant de manifester cette admiration dont le Lion est incapable de se passer. Mais n'ayons pas peur des mots : il n'y a aucune trace de réciprocité dans ce genre de relation, pas plus sur le plan affectif que sur le plan social. L'attitude de dépendance et de disponibilité est l'apanage de la Vierge... et d'elle seule.

Avec la Balance

Une très bonne relation peut s'installer entre le Lion et la Balance, dans la mesure où toutes les deux partagent davantage les plaisirs et les agréments de la vie que ses difficultés. Attention toutefois au côté superficiel qui risque de se glisser dans cette union : on se plaît, on se le dit, mais on s'applique de part et d'autre à ne pas trop s'engager. Surgissent les troubles et les difficultés, on cherche alors à les fuir plutôt qu'à les affronter !

Avec le Scorpion

Chacune veut dominer et impressionner l'autre. Le Lion attend ce qu'elle considère comme son dû : la part d'hommages... que le Scorpion lui refuse. De son côté, cette dernière entend assumer toute la responsabilité et la direction de leur couple, prérogatives que le Lion s'obstine à ne pas lui accorder. La relation sexuelle est à peu près le seul domaine où elles ont des chances de se rencontrer avec une intensité qu'elles auront d'ailleurs rarement atteinte ailleurs.

Avec le Sagittaire

La relation qui s'instaure entre le Lion et le Sagittaire est importante et de classe. Toutes les deux sont pétries d'enthousiasme, ont envie de vivre pleinement, partagent un désir de perfectionnement et d'épanouissement continu. Les seules crises qui risquent de surgir sont dues à leur orgueil démesuré, mais il existe entre les deux partenaires une passion intensément vécue.

Avec le Capricorne

Voilà une relation étrange, rare, faite d'exigence et d'intransigeance. Le Lion et le Capricorne ne se font pas de concessions, ne se pardonnent rien, se veulent fidèles, exclusives... tout en conservant chacune son indépendance ! Elles n'aiment ni les mêmes personnes, ni les mêmes choses, mais pensent être inséparables, pour un temps tout au moins. C'est une relation forte, aride, d'une violence glacée qui, en cas de rupture, laisse à chacune un souvenir quelque peu amer.

Avec le Verseau

Leur relation a tout de la valse hésitation. Le Lion veut imposer sa domination, mais le Verseau lui échappe. Aussitôt que le Lion marque des signes de désintéressement, le Verseau le provoque. Toutes les deux prennent d'ailleurs goût à ce petit jeu qui risque de durer longtemps. Il faut avouer que ces joutes préliminaires ont souvent bien plus de charme que la relation pleinement vécue. Les deux compagnes conçoivent en effet la vie d'une façon par trop différente pour qu'une liaison durable ait des chances de subsister.

Avec le Poissons

Le Lion veut tout posséder, tout dominer dans le couple. Le Poissons, quant à elle, ne donne que sa part de rêve, parcimonieusement... et encore ! Dès qu'elle s'aperçoit qu'on cherche à la maîtriser, elle s'esquive, se glace et se fait inaccessible. C'est le genre de relation qui, au début, semble des plus prometteuses et qui, à l'usage, donne le moins : la consistance et le temps d'un rêve.

L'HOMME VIERGE
HOMOSEXUEL

Un homme né sous le signe de la Vierge est rarement homosexuel par goût. Il peut en revanche le devenir par esprit de dépendance, sous l'influence de compagnons qui l'auront fortement impressionné au cours de son adolescence, ou à cause d'une sorte de timidité et de gêne face à sa propre sexualité, ou encore en raison d'un manque d'information sexuelle, enfin et plus prosaïquement, pour des considérations de sécurité matérielle. C'est pourquoi on retrouve plus d'adolescents que d'adultes parmi les homosexuels nés sous ce signe zodiacal.

Parvenus à l'âge adulte, la plupart d'entre eux deviennent hétérosexuels et le demeurent définitivement. Par conséquent, en ce qui concerne l'homme Vierge, on ne peut pas parler de bisexualité, laquelle comporte toujours une certaine ambivalence : il s'agit de deux attitudes successives. A notre connaissance, il est rare que l'homosexualité succède, chez lui, à l'hétérosexualité.

C'est aussi l'homme qui vit son homosexualité avec le plus grand sentiment de culpabilité ou tout au moins d'anxiété. L'impérieux besoin qu'il a de comprendre la raison de tous ses actes, de s'analyser, le pousse à se poser mille questions et une relation homosexuelle lui apporte rarement le bonheur parfait.

L'homme Vierge homosexuel attache beaucoup d'importance à l'affection, à l'amitié, à la confiance, à la chaleureuse camaderie qu'il espère trouver auprès d'un homme. Néanmoins, il n'est pas toujours très à l'aise dans la relation sexuelle proprement dite et, du moment que pour lui le bonheur dépend d'une relation sensuelle pleinement vécue, tôt ou tard il éprouve le besoin de se tourner vers une compagne.

Toutefois, il existe quelques exceptions — des homosexuels irréductibles — et c'est surtout parmi des médecins et des prostitués nés sous ce signe de la Vierge qu'on les rencontre.

L'homme Vierge
dans ses relations homosexuelles avec les natifs des douze signes zodiacaux

Avec le Bélier

La Vierge semble trop raisonneur et le Bélier trop rapide, impatient et bouillonnant pour qu'une relation existe fréquemment entre eux. Pourtant, elle a des chances de s'établir lorsque le natif de la Vierge est nettement plus âgé que le Bélier, à qui il apprend une autre façon de vivre, à qui il fait découvrir une approche différente de la vie et à qui il enseigne une foule de choses. Et puis, la jeunesse et l'ardeur d'un jeune Bélier ne sont pas faites pour déplaire à la Vierge.

Avec le Taureau

Le relation qui s'installe entre la Vierge et le Taureau est positive. Ils sont tous les deux dotés de la même sensualité, peut-être moins exprimée ou moins visible chez la Vierge, mais tout de même aussi forte que celle du Taureau. Ils savent s'organiser une vie à leur goût, agréable, confortable, à l'écart du monde, car ils forment un couple suffisamment uni pour pouvoir se passer des autres. C'est dire que leur vie sociale est souvent assez fermée. Cette relation n'est pas rare entre un médecin et un artiste par exemple, entre un homme d'affaires et un artiste ou un artisan.

Avec le Gémeaux

La Vierge et le Gémeaux sont tous les deux à dominante intellectuelle, mais plus sensualisée chez la Vierge. Ils donnent l'impression de se connaître à un point tel qu'ils sont incapables de s'apprécier vraiment. Si c'est le cas malgré tout, leur relation ne dure qu'un temps. En effet, leur indécision et leur dualisme communs finissent par rendre leur vie quotidienne assommante.

Avec le Cancer

La Vierge trouve généralement une oreille attentive auprès du Cancer et, inversement, ce dernier rencontre en la personne de la Vierge un compagnon capable de comprendre sa sensibilité et sa susceptibilité, d'où une chance de relation intéressante. Dans l'organisation de leur vie commune, tous les deux attachent souvent beaucoup d'importance à des questions de détail et peuvent parcourir un bout de chemin ensemble, dans la joie. De plus, le Cancer apporte à la Vierge ce dont il manque naturellement : une certaine poésie.

Avec le Lion

Il est rare qu'une relation s'établisse entre eux. La Vierge se lasse assez rapidement du côté un peu trop « m'as-tu vu » de son compagnon et le Lion, quant à lui, n'apprécie pas toujours la forme de simplicité propre à la Vierge. Leur conception de la vie diffère d'ailleurs considérablement : la Vierge est attiré par ce qui est sans fard, vrai, et le Lion par le côté social, brillant de l'existence. En outre, la domination du Lion pèse à la Vierge qui, bien que disponible aux autres de nature, n'aime pas qu'on lui force la main.

Avec la Vierge

Rien n'est moins fréquent qu'une relation entre deux natifs de la Vierge ! Elle est à éviter autant que possible car elle risque de provoquer de sérieux problèmes psychologiques chez les deux partenaires et de les conduire inévitablement à un traitement adéquat. Les deux êtres en présence entretiennent une relation narcissique complexe, passent leur temps à s'interroger, à se regarder vivre et finissent par se confiner dans un univers quelque peu malsain.

Avec la Balance

La Vierge s'émerveille du pouvoir de séduction et de la joie de vivre qui émanent de la Balance. Quant à ce dernier, il apprécie grandement le sérieux, la puissance de raisonnement et la disponibilité de la Vierge. Tous les deux ont beaucoup à se donner, aussi bien affectivement qu'intellectuellement.

Avec le Scorpion

Voilà une relation qui rassure la Vierge. Il se trouve en face d'un être aussi exigeant que lui sur les plans sexuel et sensuel, et de surcroît capable de lui apporter une certaine stabilité, une force instinctive qui le sécurise. Il arrive parfois que le Scorpion fasse preuve d'impatience et d'une agressivité excessive à l'égard de son compagnon, mais leur relation n'en demeure pas moins solide.

Avec le Sagittaire

Tous les deux sont harcelés par leur dualisme, mais d'une manière différente : avec une constante anxiété chez la Vierge, avec violence et passion chez le Sagittaire, ce qui les insécurise mutuellement. Cependant, ils sont capables de partager, pour un certain temps, une passion tour à tour flamboyante et inquiète.

Avec le Capricorne

La Vierge et le Capricorne sont parfaitement capables de se rejoindre. Aux yeux de tous, leur relation est apparemment calme, discrète, reposante, mais dans l'intimité elle est vécue avec beaucoup d'intensité, tant sexuellement que sensuellement.

Avec le Verseau

Le Verseau trouve la Vierge bien trop raisonnable — ce n'est qu'une apparence — tandis que la Vierge s'étonne de la fantaisie débridée du Verseau. Ce sont précisément surtout ces qualités contradictoires qui les attirent l'un vers l'autre, bien qu'ils n'en soient pas conscients. Cependant, en dépit de courtes expériences, ils ne parviendront jamais à se rejoindre.

Avec le Poissons

Vierge et Poissons = deux antagonistes en présence ! Le premier est méticuleux, raisonneur, attentif ; le second est rêveur, mais ambitieux et « personnel », ne se servant de son charme que lorsqu'il en a envie, et légèrement capricieux. C'est pourquoi le Poissons ne retient jamais très longtemps la Vierge qui réclame davantage de présence et de sécurité.

LA FEMME VIERGE
HOMOSEXUELLE

La femme Vierge homosexuelle — elle pourrait tout aussi bien être hétérosexuelle ou bisexuelle — a une soif inextinguible d'amour, de présence, et son besoin viscéral de don total est tel que son attente est rarement tout à fait comblée. Ses désirs, ses exigences semblent en effet sortir d'un puits sans fond.

Elle est capable de tout donner à sa partenaire, allant même jusqu'au sacrifice, mais elle attend que celle-ci lui rende la pareille. Trouver une compagne prête à se comporter de la même manière n'est évidemment pas une sinécure. C'est pourquoi la vie de la femme Vierge homosexuelle — ou pas — est si difficile.

La plupart du temps, elle en fait bien davantage que ce qu'on lui demande : aux petits soins vingt-quatre heures sur vingt-quatre, elle s'inquiète et veut s'occuper de tout, si bien qu'elle finit souvent par devenir pesante, même pour les êtres chers qui l'aiment sincèrement.

Pour avoir des chances de réussir sa vie sentimentale, dont elle se sent plus que quiconque responsable, il faut qu'elle apprenne à respecter l'autonomie des autres, non seulement en paroles, mais dans les faits : elle aussi doit savoir accepter ce que les autres lui donnent sans émettre constamment des critiques à leur égard et rechigner.

Même si cela lui paraît inconcevable, l'autre et les autres ont le droit d'avoir une vision des choses différente de la sienne. Sur le plan physique, elle gagnera certainement à supporter les absences de sa partenaire : les retrouvailles n'en seront que plus agréables !

Parmi les natives de la Vierge, il en existe qui ont choisi l'orientation homosexuelle uniquement parce qu'elles éprouvaient de la difficulté ou une certaine timidité à établir une relation sentimentale avec un homme : celles-là exposent leur vie intime à bien des vicissitudes.

La femme Vierge
dans ses relations homosexuelles avec les natives des douze signes zodiacaux

Avec le Bélier

Elles ne vivent pas sur le même plan : la Vierge, observatrice, est intriguée par le Bélier dont la fougue, l'impatience et les imprudences lui paraissent autant de risques d'erreur et de complications en puissance. C'est pourquoi elle se tient généralement plutôt à distance du Bélier. Si une relation se noue néanmoins entre natives de ces deux signes, elle ne dure jamais bien longtemps.

Avec le Taureau

Entre la Vierge et le Taureau, les possibilités sont grandes de voir s'établir une relation sincère, prodonde, durable, mais pas toujours facile. Les reproches réciproques ne manquent pas de surgir et les deux partenaires entrent souvent en conflit pour des questions de détails parfaitement futils, pour des blessures d'amour propre. Elles ont tendance à bouder et à être rancunières, ce qui empoisonne quelque peu la relation amoureuse.

Avec le Gémeaux

Extrêmement pointilleuse sur les détails, la Vierge ne comprend pas toujours, sinon jamais, l'insouciance avec laquelle le Gémeaux aborde les problèmes de l'existence, aussi graves soient-ils. Chacune vit sur un plan différent et, dans ces conditions, les chances sont minces de voir s'instaurer entre elles une relation durable, satisfaisante et qui ne soit stressante ni pour l'une, ni pour l'autre. La Vierge souffre de ce que le Gémeaux —

c'est en tout cas son point de vue — ne prenne absolument rien au sérieux, alors que le Gémeaux considère que sa compagne se torture inutilement... d'où une sorte d'incompatibilité de compréhension, sauf en de rares occasions. A moins que l'amour qui les lie ne soit très profond, elles risquent de trouver leur relation pesante.

Avec le Cancer

Voilà une relation qui peut être très privilégiée. De par sa féminité profonde, viscérale, le Cancer apporte une sorte de paix, une dimension de rêve que la Vierge ne connaît pas naturellement. En retour, la Vierge apprend au Cancer à réfléchir, à analyser, à entrer dans le réel, dans le concret. L'union est à la fois très émotive et très sensuelle.

Avec le Lion

La relation n'est pas à l'abri de sourdes batailles, car la Vierge fait trop souvent sentir à sa compagne qu'elle l'observe, la suit et l'analyse, alors que ce qui compte pour le Lion, c'est d'être admirée et non pas tant d'être comprise ! Quoique très disponible et toujours prête à rendre service, la Vierge trouve toutefois assez désagréable d'être utilisée... et c'est justement ce que le Lion a tendance à faire. Par conséquent et suivant les circonstances, une union entre les natives de ces deux signes a passablement de peine à trouver un équilibre satisfaisant.

Avec la Vierge

Elles sont davantage unies par similitude que par complémentarité. Pas vraiment ensemble, mais plutôt côte à côte, elles mènent une vie discrète, trop rangée, trop organisée. Souffrant d'un étrange complexe de culpabilité, elles cherchent constamment à prévenir les moindres désirs de l'autre, essayant de se faire des petits plaisirs sans toutefois parvenir à bien définir leurs besoins profonds. Elles s'étouffent lentement, mutuellement, sans jamais réussir à déboucher sur la vraie vie.

Avec la Balance

Voilà une relation aussi agréable pour l'une que pour l'autre, mais vécue avec des pointes d'inquiétude pour la Vierge qui trouve parfois sa compagne trop coquette et trop séduisante. La Balance lui apporte pourtant le sens des joies plus faciles, plus futiles, plus ludiques.

Avec le Scorpion

Elles sont faites pour connaître ensemble des satisfactions sensuelles et sexuelles profondes. De plus, elles ont toutes les deux envie de mener un certain combat pour une vie meilleure, que ce soit dans le domaine social ou dans des carrières utiles, notamment celles qui touchent à la santé.

Avec le Sagittaire

Le moins qu'on puisse dire est qu'elles partagent les mêmes idéaux, se sentent des âmes de militantes et œuvrent résolument ensemble — avec méthode chez la Vierge, avec passion chez le Sagittaire — au sein de groupements sociaux ou spirituels, occupations qu'elles arrivent à mener de front avec une relation amoureuse importante, mais instable et parfois déchirante. Les orages les plus violents, une fois calmés, n'empêchent pas qu'elles se retrouvent avec bonheur.

Avec le Capricorne

La relation entre la Vierge et le Capricorne est un amalgame de beaucoup d'estime, de compréhension profonde, de respect mutuel et de complicité muette. Leur amour a de fortes chances de durer très longtemps, surtout grâce au mur de protection que le Capricorne sait si bien élever aussitôt que la Vierge se montre trop envahissante.

Avec le Verseau

Lorsque la raison et la fantaisie s'attirent, ce ne peut être qu'à cause de la loi des contrastes. La Vierge et le Verseau sont cependant trop avisées l'une et l'autre pour tenter de vivre une relation suivie. Il n'empêche que leur aventure, si elle est brève, est pleine de charme et d'autant plus précieuse que les deux partenaires la savent éphémère.

Avec le Poissons

Elles aussi sont très différentes l'une de l'autre, mais leurs oppositions, au lieu de les rapprocher, leur rendent la vie difficile. Elles attendent toutes les deux beaucoup de leur partenaire, mais les exigences de la Vierge sont trop pesantes pour le Poissons qui ne supporte pas la contrainte. C'est pourquoi elles hésitent à s'engager dans une relation qui risque de leur apporter plus de déconvenues que de joies. Elles gardent un certain attrait rêveur l'une pour l'autre... mais qui gagne à rester dans l'imaginaire.

L'HOMME BALANCE
HOMOSEXUEL

La Balance est l'un des signes zodiacaux qui comporte le plus d'hommes homosexuels. Leur orientation s'appuie surtout sur des considérations esthétiques et de subtiles affinités.

En général, l'homme Balance homosexuel vit très bien sa différence sexuelle ; il s'y engage pleinement. Le lien qui l'unit à l'autre est le centre de sa vie, son point capital. La Balance ne s'arrête pas uniquement à l'attrait physique, il lui faut un échange total : intellectuel, sentimental, artistique aussi. Une relation de partage absolu lui est donc indispensable et il s'organise pour l'obtenir. Il consacre autant d'énergie, de temps et de soins à la réussite de sa vie affective qu'au succès de son travail et de sa carrière.

Alors que l'intérêt de l'hétérosexuel natif de la Balance faiblit parfois pour sa compagne sitôt la conquête achevée, chez l'homosexuel né sous le même signe, c'est le contraire : plus les années passent, plus il redouble de soins et d'attentions pour le compagnon rêvé lorsqu'il l'a trouvé. Il reconnaît d'ailleurs celui-ci au premier regard tant l'idée et l'image qu'il en a sont précises.

La quête d'un compagnon conforme à ce qu'il attend de lui peut être longue. En effet, la Balance ne se contente jamais d'à peu près. Alors, il cherche patiemment, quitte à passer pour frivole et inconstant jusqu'à ce qu'il soit enfin fixé. Mais dès que son choix est fait, c'est définitif : la Balance devient un compagnon fidèle, très attentif. Il continue, bien sûr, à aimer plaire, à se montrer charmeur, mais sans s'impliquer dans une aventure. Il est trop imprégné du sentiment de la valeur d'un amour vrai pour le galvauder.

L'homme Balance
dans ses relations homosexuelles avec les natifs des douze signes zodiacaux

Avec le Bélier

Si ces deux signes opposés s'affrontent parfois avec violence, il peuvent aussi être très attirés l'un par l'autre. La Balance se met rapidement sur la défensive face au Bélier qu'il juge souvent trop agressif. Tous les deux manifestent pourtant une curiosité égale pour leur partenaire, d'où possibilité de beaucoup d'échanges. De toute façon, rien n'est simple, rien n'est tendre, rien n'est doux dans leur relation : ils ont pas mal de défis à relever et leurs affrontements sont tour à tour agréables et désagréables, aussi bien sur le plan sexuel que sur le plan des caractères.

Avec le Taureau

La Balance est de nature plus raffinée et, à certains points de vue, plus superficielle que le Taureau, dont il pense qu'il est trop lent, trop sensuel et trop attaché aux biens de cette terre. Le goût de cheminer ensemble n'est pourtant pas à écarter en ce qui les concerne, mais ce sera rarement pour de longues périodes.

Avec le Gémeaux

Une relation entre la Balance et le Gémeaux a des chances de réussite, même si elle est teintée d'une certaine vivacité et marquée par des affrontements qui ressemblent davantage à des escarmouches qu'à de vraies batailles. Elles sont malgré tout assez fréquentes et peuvent rendre la vie commune un peu stressante. Les deux partenaires partagent le goût des arts, des réunions amicales, des activités culturelles et artistiques. Esthètes, intellectuels, ils s'intéressent à tout, aiment évoluer dans un cadre agréable et attachent généralement de l'importance à leur toilette, à leur aspect extérieur.

Avec le Cancer

La Balance et le Cancer sont très susceptibles... et séduisants. Et c'est ce pouvoir de séduction indiscutable qui peut les attirer l'un vers l'autre, mais vraisemblablement pas pour de longues périodes. En effet, ils sont tous les deux tellement fragiles dans leur comportement quotidien qu'ils résistent mal à des tensions affectives trop fortes, dont ils exagèrent d'ailleurs l'un et l'autre la réelle importance ! Le calme n'existe guère entre eux et cela devient rapidement usant.

Avec le Lion

Une union entre les natifs de ces deux signes zodiacaux se révèle souvent agréable et intéressante. L'élégance, la distinction, le raffinement de la Balance séduisent le Lion. En retour, la Balance est manifestement ravi par la sûreté d'instinct qui est généralement l'apanage du Lion. Ils vivent leur relation au grand jour et fréquentent volontiers les milieux homosexuels. Ils aiment également frayer les milieux artistiques. Bref, leur besoin de communiquer avec les autres est très vif.

Avec la Vierge

Voilà une relation qui ne se rencontre pas souvent mais, lorsqu'elle se produit, elle est toujours d'une extrême intensité. Bien que ne vivant pas sur le même plan, dans des mondes différents, la Balance et la Vierge se rejoignent tout de même à certains moments. Mais une union de ce genre n'est pas de tout repos car la Balance se montre parfois agressif et impatient, ce que la Vierge supporte mal. Et ce dernier, avec ses éternelles hésitations, ne manque pas de provoquer de l'irritation chez la Balance.

Avec la Balance

Cette relation s'annonce sous les meilleurs auspices, contrairement à ce qui est apparu pour d'autres partenaires nés sous le même signe zodiacal. En effet, c'est avec bonheur que tous les deux partagent le même goût pour une existence agréable, raffinée, dans laquelle les arts, la vie intellectuelle et la philosophie jouent un rôle important. Ils connaissent, bien sûr, des moments d'impatience, de colère, mais de courte durée. Ils s'entourent de tendresse et sont passés maîtres dans l'art de se charmer l'un l'autre. De plus, ils s'appliquent à mettre de la coquetterie et du raffinement dans les actes les plus communs de la vie quotidienne.

Avec le Scorpion

L'entente est rarement durable entre eux. Une brusque passion peut les embraser, mais passagèrement, car la Balance ne tarde pas à se plaindre de la violence du Scorpion, de sa possessivité, de son manque de diplomatie. Le Scorpion, quant à lui, reproche à son partenaire d'être tellement coquet et il lui en veut d'être aussi raffiné.

Avec le Sagittaire

Lorsqu'une relation s'instaure entre la Balance et le Sagittaire, elle est très forte, mais tumultueuse. Si l'un des deux partenaires est musicien, ou artiste, l'union est vécue encore plus intensément.

Avec le Capricorne

Il arrive que la Balance et le Capricorne s'intéressent l'un à l'autre, mais davantage en tant qu'amis qu'en qualité d'amants. Curieusement, l'attraction sexuelle est pratiquement inexistante entre eux. En dépit de cela, ils éprouvent du plaisir à se rencontrer pour discuter et, en certaines circonstances, ils n'hésitent pas à s'entraider sans rien attendre l'un de l'autre sur le plan amoureux.

Avec le Verseau

En voilà deux qui sont faits pour s'entendre et s'aimer sans se nuire ! La Balance et le Verseau s'acceptent tels qu'ils sont : charmeurs, séducteurs impénitents. Ils se retrouvent toujours avec joie, même après de longues absences. Leurs goûts communs sont nombreux, surtout dans le domaine artistique, et ils apprécient tous les deux une vie facile et agréable.

Avec le Poissons

La Balance et le Poissons sont aussi sensibles et romantiques l'un que l'autre, mais d'une manière différente. Ils évoluent très souvent dans les mêmes milieux, ont les mêmes amis, mais n'éprouvent néanmoins pas tellement l'envie de vivre ensemble.

LA FEMME BALANCE HOMOSEXUELLE

Il y a peu d'homosexuelles parmi les femmes nées sous le signe de la Balance, sans doute parce que ces natives sont tellement féminines qu'elles se méfient quelque peu des autres femmes ! Mais celle qui s'engage dans une relation homosexuelle le fait alors avec une conviction étonnante : elle cherche à s'imposer avec force dans le milieu homosexuel, allant même jusqu'à faire du prosélytisme.

Que ce soit d'une façon directe ou indirecte, la Balance s'arrange toujours pour dominer dans le couple. Elle n'est pas facile à séduire : elle se gagne au mérite. Tantôt exigeante, capricieuse, tour à tour coquette ou indifférente, provocante ou réservée, la Balance est déroutante car l'on ne sait jamais exactement dans quelle mesure elle est conquise.

Elle attache beaucoup d'importance à son apparence et encore davantage à celle de sa compagne. Elle entend avoir une vie aussi agréable que possible, ce qui ne signifie absolument pas qu'elle est inactive, loin de là ! Elle est au contraire capable de se donner à fond dans sa carrière, mais jamais au point d'en oublier les agréments de l'existence.

La Balance aime les arts, sans être elle-même artiste pour autant. Elle apprécie une certaine vie mondaine et sociale et éprouve le perpétuel besoin de plaire, aux hommes comme aux femmes, aux jeunes comme aux moins jeunes ; mais une fois qu'elle est assurée de son pouvoir de séduction, elle abandonne les efforts.

La femme Balance
dans ses relations homosexuelles avec les natives des douze signes zodiacaux

Avec le Bélier

Les deux partenaires sont natives de deux signes zodiacaux opposés. Leur relation est forte, pas forcément durable, mais pleine de feu, de crépitements, d'agressivité, d'impatience, de réconciliations fougueuses et brèves. Tout cela ne se passe pas sans cris, parfois aigus, ni sans exaspération. La coquetterie de la Balance agace prodigieusement sa compagne qui est de nature plus discrète et plus simple. En revanche, l'impétuosité du Bélier fatigue la Balance qui recherche le calme à certains moments.

Avec le Taureau

Deux sensibilités très grandes, mais absolument différentes, sont en présence : sensibilité beaucoup plus subtile chez la Balance, plus forte et plus sensuelle chez le Taureau. C'est cette dernière qui, sur le plan pratique, assume généralement une bonne partie des responsabilités du couple. Elle s'attache à aménager autour de sa compagne le cadre agréable et raffiné auquel la Balance tient tellement. Il n'est pourtant pas exclu qu'un peu de lassitude ne vienne ternir le tableau au bout d'un certain temps.

Avec le Gémeaux

La Balance et le Gémeaux peuvent établir une bonne relation, quoique un peu superficielle. Plutôt amicaux, leurs rapports ont la saveur de l'adolescence sans être réellement capables de les combler sur le plan sentimental et sensuel. Les deux partenaires se comprennent mutuellement et s'amusent, sortent, rencontrent des gens ensemble. Elles débordent d'activités sociales, artistiques, culturelles, intellectuelles. Pourtant, si l'échange d'idées et de points de vue est abondant, l'échange affectif, lui, est relativement faible entre elles. Peut-être parvient-il à les satisfaire à certains moments, mais en tout cas pas suffisamment pour assouvir les désirs et les besoins de toute une vie sur ce plan-là. Le côté un peu flirt de l'une et de l'autre risque aussi de mettre la solidité de leur union en danger.

Avec le Cancer

Leur extrême féminité à toutes les deux se manifeste d'une façon différente. Chez la Balance, c'est le goût de plaire qui domine, tandis que chez le Cancer, c'est le goût de séduire. Au niveau psycho-affectif, les atomes crochus ne manquent pas et sont très forts, si bien que cette relation laisse invariablement des traces indélébiles dont les deux partenaires restent marquées, même après une éventuelle rupture.

Avec le Lion

Quel couple élégant, de qualité, intéressant... mais un peu superficiel ! La Balance et le Lion mettent en effet une certaine coquetterie à se faire remarquer, à afficher leurs préférences, à rechercher un raffinement que l'on retrouve jusque dans le choix de leur entourage et de leurs relations. Il y a beaucoup d'extraversion dans ce duo qui ne passe pas inaperçu et est apprécié en société, dans le cadre de certains groupements ou sur le plan social, ou bien tout simplement dans l'intimité.

Avec la Vierge

La Balance et la Vierge ont une approche de la vie très différente. La première a un penchant très net pour une certaine qualité de vie légère et agréable, et elle aime plaire, alors que la Vierge préfère se rendre utile, être disponible pour les autres, et désire vivre pleinement le quotidien. Leur vie de tous les jours s'en trouve passablement compliquée et comme l'attraction ne semble pas des plus fortes entre elles, leur relation a peu de chances de durer bien longtemps.

Avec la Balance

La relation susceptible de se nouer entre deux natives de la Balance est plutôt amicale qu'amoureuse. Les deux partenaires se connaissent trop bien pour être capables de se supporter longtemps en vivant ensemble. Elles sont en revanche prêtes à s'entraider pour que leur vie amoureuse avec une autre partenaire soit une réussite.

Avec le Scorpion

Entre la Balance et le Scorpion, la relation est difficile parce que chacune d'elles brigue la première place dans le couple. Il arrive que le Scorpion, pendant quelque temps, soit amusée par le pouvoir de séduction de la Balance ; cette dernière, en revanche, s'accommode mal de la possessivité et des exigences sexuelles du Scorpion.

Avec le Sagittaire

Cette relation peut commencer de façon brillante, mais la Balance se fatigue rapidement de la passion excessive et « à éclipses » de sa compagne Sagittaire. De plus, le couple n'est pas à l'abri de disputes parfois violentes.

Avec le Capricorne

La Balance est irritée par l'attitude réservée et légèrement condescendante du Capricorne qui la regarde placidement déployer ses atours sans se laisser impressionner le moins du monde. Il est rare qu'il y ait une véritable attraction sexuelle entre elles et, si jamais elle existe, elle n'est de toute façon pas assez forte pour que les deux compagnes envisagent de vivre en commun. Même sur le plan amical, le courant passe assez difficilement de l'une à l'autre.

Avec le Verseau

La Balance et le Verseau sont capables de vivre une relation intéressante, pleine de délicatesse et de fantaisie, pas toujours aussi stable qu'elles le souhaiteraient, mais tout de même agréable. Aux ruptures brutales, aux bouderies succèdent de tendres réconciliations. Les deux partenaires manifestent toujours une sorte d'indulgence attendrie et complice l'une vis-à-vis de l'autre.

Avec le Poissons

Féminines jusqu'au bout des ongles, la Balance et le Poissons s'épient, se reconnaissent, s'intéressent l'une à l'autre, mais hésitent à s'engager à fond dans une relation. Elles savent en effet qu'à cause de leurs sensibilités exacerbées elles risquent de se faire du mal sans le vouloir vraiment.

L'HOMME SCORPION
HOMOSEXUEL

Chez le natif du Scorpion, homosexuel ou non, tout ce qui touche à sa vie sexuelle occupe une place énorme. Souvent, il attache davantage d'importance à l'entente physique qu'à l'accord sentimental lorsqu'il s'agit de choisir son partenaire.

Dans sa vie amoureuse, le Scorpion se montre possessif : il attend une total disponibilité de son compagnon à qui il assure, en retour, une protection jalouse et ombrageuse. Il a besoin de se savoir indispensable et intervient dans tous les domaines de la vie de son ami... même là où il n'a rien à faire ! C'est dire qu'il exerce son influence de façon tyrannique et qu'il supporte mal la résistance ou la contradiction.

Il lui arrive d'être maladroit, cassant, violent même, pour imposer sa volonté dans le couple dont il porte, en revanche, volontiers toutes les responsabilités sur ses épaules.

La vie auprès du Scorpion n'est pas toujours facile. Bien qu'il en soit parfaitement conscient, il ne comprend néanmoins pas qu'on lui tienne rigueur de ses manières souvent brusques et de son manque de diplomatie. En effet, sa manière d'agir procède, à ses yeux, d'une nature franche, ouverte et sans détours.

Mais si c'est lui qui se trouve dans le camp des rabroués ou de ceux qui essuient les reproches, il l'accepte fort mal. Il en garde une rancune sourde et ouverte. Malheur à qui le trompe : sa colère et même sa vengeance sont à redouter !

Le Scorpion ressent ses peines et ses joies avec une intensité peu commune, qui n'a pour ainsi dire pas d'équivalent chez les natifs des autres signes zodiacaux.

L'homme Scorpion
dans ses relations homosexuelles avec les natifs des douze signes zodiacaux

Avec le Bélier

Une relation entre natifs de ces deux signes zodiacaux est des plus passionnées, mais elle a peu de chances de durer longtemps. Ce sont en quelque sorte deux Martiens qui s'affrontent... avec des armes différentes : le Scorpion se sert de tout son instinct, de la force de sa passion contenue, tandis que le Bélier donne libre cours à sa fougue, à ses élans et à son impatience. Les deux partenaires sont capables de partager un goût marqué pour les sports, l'exercice physique, et ont autant besoin d'activité l'un que l'autre.

Avec le Taureau

Le Scorpion et le Taureau sont tous les deux menés par la passion, par la sensualité, par la possessivité et... par la jalousie. Leur relation peut donc atteindre une intensité exceptionnelle, mais elle est loin d'être de tout repos. Et là-dessus vient encore se greffer un caractère rancunier : ils se souviennent de tout, et longtemps ! Pas plus l'un que l'autre ne sait pardonner, mais ils se rejoignent en revanche dans des manifestations de passion charnelle extraordinaires.

Avec le Gémeaux

Le Scorpion ne sait jamais très bien à quoi s'en tenir avec le Gémeaux et l'idée que son compagnon s'échappe lui est insupportable. L'extrême mobilité du Gémeaux, sa curiosité de tout agacent prodigieusement le Scorpion qui peut toutefois avoir la tentation de l'asservir sur le plan sensuel et sexuel. La relation ne dure généralement pas, si jamais elle se noue... ce qui est rare.

Avec le Cancer

Voilà une relation qui baigne dans l'imagination, dans la sensualité et dans la sexualité. Les fantasmes n'en sont pas exclus, ni certaines tendances sado-masochistes, mais l'union est forte et durable. Et même s'ils ne devaient plus vivre ensemble, l'emprise qu'ils exercent l'un sur l'autre se prolonge encore pendant de longues années. Ils se fascinent mutuellement en quelque sorte !

Avec le Lion

Si la relation entre le Scorpion et le Lion est assez difficile à vivre, elle ne manque pas, aussi, d'être stimulante. Possessifs tous les deux, chacun a un défi permanent à relever : le Scorpion s'évertue à avoir barre sur son compagnon, lequel, en dépit de tout et sans aucun effort d'ailleurs, impose d'instinct sa domination. Cela n'empêche pas le Lion d'être, lui aussi, fasciné par l'attraction étrange, profonde et un peu inquiétante qui est l'apanage du Scorpion.

Avec la Vierge

Entre un natif du Scorpion et un natif de la Vierge peut s'établir une relation intéressante, surtout si les deux partenaires sont médecins, ou sportifs. En général, les liaisons se forment entre des hommes qui pratiquent une activité similaire ou rapprochante. En lui apportant une stabilité combien précieuse, le Scorpion permet à la Vierge de mieux contrôler ses dualismes et ses hésitations, tandis que le natif de la Vierge tempère l'agressivité et la violence de son compagnon. Il faut encore souligner que leur relation est davantage sensuelle et sexuelle qu'affective.

Avec la Balance

Cette relation se rencontre plus souvent chez les hétérosexuels. Toutefois, l'homme Scorpion homosexuel apprécie le genre de raffinement et de coquetterie propre à la Balance, tandis que ce dernier ne reste pas insensible au côté instinctif et profondément sexuel du Scorpion. Mais il n'y a pas tellement de complémentarité entre ces deux partenaires et c'est pourquoi leur union, si elle voit le jour, est généralement d'assez courte durée.

Avec le Scorpion

A moins qu'il n'existe une grande différence d'âge entre les deux natifs du Scorpion, la relation se révèle difficile. Mais si c'est le cas, le plus âgé devient automatiquement l'élément fort du couple et il essaie de former son compagnon à sa propre ressemblance, de l'aider à atteindre dans la vie tous les objectifs qu'il s'était fixés lui-même. Il traite son jeune compagnon avec passablement de dureté, « pour son bien » comme il le dit si bien ! La relation subsiste aussi longtemps que les exigences sexuelles réciproques sont satisfaites.

Avec le Sagittaire

Houleuse à l'extrême et difficile à vivre, telle est cette relation d'ailleurs peu fréquente : le Scorpion n'arrive pas à s'habituer aux changements d'attitude du Sagittaire et ce dernier supporte mal l'autorité pesante du Scorpion.

Avec le Capricorne

Deux facteurs peuvent faire de cette relation une vraie réussite : d'une part, la forte attraction sexuelle qui existe entre le Scorpion et le Capricorne, d'autre part l'ambition et l'ardeur qu'ils mettent tous les deux à la réalisation de leurs projets. Aucun effort ne les rebute et ils s'apportent une aide considérable et appréciable dans leurs carrières respectives.

Avec le Verseau

La relation susceptible de se nouer entre les natifs de ces signes zodiacaux est vouée à l'instabilité : le Verseau ne tient pas plus à se laisser piéger qu'à imposer une quelconque autorité. Le Scorpion, quant à lui, ne peut absolument pas concevoir qu'on lui résiste !

Avec le Poissons

Contrairement à ce que l'on pourrait supposer, ce n'est pas tellement sur le plan physique que le Scorpion et le Poissons se rejoignent le mieux, mais bien plutôt dans leur besoin mutuel d'explorer des sensations et des sentiments encore inconnus, pas clairement définis. Chacun à l'impression que l'autre partenaire détient la clé de certains pouvoirs mystérieux, qui le fascinent. Malheureusement, c'est parfois à travers la drogue et l'alcool que l'envie leur prend d'aller ensemble à la découverte de ces diverses sensations.

LA FEMME SCORPION
HOMOSEXUELLE

Très instinctive, très possessive, naturellement autoritaire même si elle n'en a pas l'air, la femme Scorpion prend beaucoup d'importance dans une relation homosexuelle. Elle se veut formatrice et s'arroge le droit de tout décider pour sa compagne dont elle est à la fois mère et amante.

Son sens des responsabilités est très développé et elle se dévoue sans compter au couple qu'elle forme avec sa partenaire. Curieusement, elle souhaite, en même temps, avoir un enfant bien à elle et constituer ainsi un foyer étrange au sein duquel elle dirige tout à sa manière, prenant pour les autres et à leur place les décisions qu'elle croit bonnes... sans se rendre compte de son monstrueux égocentrisme.

Possessive, jalouse et douée d'une force de persuasion étonnante, elle supporte mal qu'on lui résiste et exerce son autorité sans diplomatie. Pourtant, elle sait s'attirer des affections inconditionnelles. Son magnétisme est parfois tellement puissant que son entourage accepte ses directives sans trop tergiverser.

Elle s'avère la compagne idéale dans les moments difficiles de l'existence : rien ne l'effraie ni ne l'arrête, quels que soient les efforts à fournir.

Dans la vie de tous les jours, elle n'est pas facile à vivre. Ses plaisirs sont rarement raffinés et ses exigences sexuelles débordantes. Il lui arrive aussi de dramatiser des situations banales et de ne pas toujours choisir ses relations avec discernement.

Elle doit se méfier des excès de tous genres vers lesquels sa nature à tendance à la pousser facilement : excès de licence... ou de rigueur, excès de passion... ou de sévérité, excès de générosité... ou de sordide ladrerie. Parfois, elle s'astreint à la plus rigoureuse des disciplines, parfois elle est encline, au contraire, à s'abandonner à l'alcoolisme, à la brutalité ou à quelque autre vice.

La femme Scorpion
dans ses relations homosexuelles avec les natives des douze signes zodiacaux

Avec le Bélier

Ce goût qu'a le Scorpion de diriger la vie des autres se heurte au refus du Bélier qui, elle, n'aime pas se laisser commander. La relation est forte cependant, mais loin d'être facile à vivre. Elle débouche souvent sur des colères et des disputes qui dégénèrent en tempêtes, l'une et l'autre voulant à tout prix détenir le pouvoir absolu, dominer, et toutes les deux refusant tout aussi catégoriquement d'obéir et de se soumettre.

Avec le Taureau

Pour être de signes zodiacaux contraires, les deux partenaires sont étonnamment semblables : aussi possessives, jalouses, sensuelles à forte influence sexuelle l'une que l'autre. Leur attraction passionnelle réciproque est très grande et le lien qu'elle cimente entre elles est tellement puissant qu'il est capable de survivre même à une rupture. Mais aussi, quelle accumulation de rancune possible une fois le couple défait !

Avec le Gémeaux

Pourquoi le Scorpion ne tenterait elle pas de fixer le Gémeaux, de lui faire perdre l'habitude d'agir à sa manière paradoxale, selon sa dualité ? Elle en a bien envie en tout cas, mais ses besoins sexuels et ses exigences en amour physique sont trop forts pour le Gémeaux qui finit par chercher à s'affranchir d'une telle emprise.

Avec le Cancer

La relation entre le Scorpion et le Cancer est profonde. C'est une relation d'âme autant que de sexe. L'une et l'autre sentent avec acuité l'interdépendance de leurs destins. Pourtant, on ne peut pas dire qu'elles sont particulièrement heureuses, mais elles se plaisent à dramatiser ensemble à loisir, à vivre intensément leurs rêves, leurs fantasmes et leurs exigences. Si l'une des partenaires est mère, la relation risque de se révéler plus difficile, car un certain sentiment de jalousie peut compromettre l'harmonie du couple.

Avec le Lion

Entre le Scorpion et le Lion, c'est l'affrontement de deux volontés, la rencontre de deux ambitions, le face à face de deux dominatrices qui cherchent à accaparer le pouvoir dans le couple. Celui-ci est d'ailleurs d'une extrême violence, sans pitié ni concessions. En revanche, les deux partenaires sont capables de s'épauler remarquablement dans les moments difficiles de l'existence.

Avec la Vierge

Si le Scorpion sait tempérer son esprit de domination, sa relation avec la Vierge a toutes les chances d'être excellente. Leur vie commune peut être intéressante, passionnante même et s'accomplir dans la réussite et la progression. La sexualité du Scorpion est plus forte que celle de sa compagne, mais comme la sensualité et le besoin de présence de la Vierge dépassent ceux du Scorpion, les deux partenaires ne manquent pas de se rejoindre dans ce domaine.

Avec la Balance

Fortement séduite par la Balance, le Scorpion essaie de la dominer, de la garder constamment sous sa coupe. Cela ne fait absolument pas l'affaire de la Balance qui, elle, cherche à secouer ce joug trop pesant, quitte à toucher les points sensibles du Scorpion, ce à quoi elle excelle.

Avec le Scorpion

Une relation entre deux natives du Scorpion est parfaitement viable si une certaine différence d'âge sépare les deux partenaires. L'ainée peut ainsi s'arroger le droit absolu de diriger le couple. Il s'agit, là aussi, d'une femme qui souhaite former sa jeune compagne selon sa propre conception, ses propres critères, sans tenir compte le moins du monde de la personnalité de celle-ci, ni de ses besoins, d'où une relation très tumultueuse à certains moments.

Avec le Sagittaire

L'une et l'autre sont dotées d'une personnalité beaucoup trop forte pour vivre une union sans danger. Elles sont toutes les deux très entières et passionnées, à la différence près que, chez le Scorpion, les passions sont plus sourdes, chargées de rancune, alors que, chez le Sagittaire, elles sont plus ouvertes et se manifestent avec davantage de violence.

Avec le Capricorne

Avec le Scorpion et le Capricorne, nous voilà de nouveau en présence de deux volontés, de deux orgueils qui s'affrontent, aussi démesurés chez l'une que chez l'autre. Les natives de ces deux signes zodiacaux n'en viennent à envisager une relation que dans la mesure où elles poursuivent un but social ou un but professionnel communs. Sur ce plan, elles sont capables de se révéler des collaboratrices hors pair... sans tout à fait se comprendre.

Avec le Verseau

Un antagonisme profond oppose le Scorpion et le Verseau, ce qui ne les empêche cependant pas d'éprouver une certaine forme d'admiration l'une pour l'autre. Il arrive qu'elles se laissent tenter par une aventure de courte durée, mais de là à nouer une relation suivie, il y a une distance qu'elles ne franchissent apparemment pas souvent, sinon jamais.

Avec le Poissons

La forte présence du Scorpion est tout à fait capable de rassurer le Poissons, surtout si cette dernière n'a pas vécu une enfance heureuse. Le Poissons apprécie l'existence stable que lui offre sa compagne et même cet amour exigeant dont elle est entourée, pour autant qu'elle soit en mesure de préserver la part de rêve indispensable à son équilibre.

L'HOMME SAGITTAIRE
HOMOSEXUEL

Le natif du Sagittaire peut être fortement tenté par l'homosexualité et, davantage encore, par la bisexualité qui lui permet de vivre pleinement et passionnément sa dualité.

Aussi est-il souvent ce qu'on pourrait appeler un « homosexuel intermittent ». Il y a des périodes où il a besoin de vivre autre chose. Comme il ne sait rien faire à moitié, il se retrouve tantôt homosexuel à part entière — et c'est à peine alors s'il daigne regarder les femmes — pour, à d'autres moments, se détourner ostensiblement de ses compagnons afin de faire une cour pressante aux représentantes du sexe opposé.

Bref, le Sagittaire ne sait pas toujours clairement où vont ses préférences, mais ses paradoxes ne le surprennent guère, pas plus qu'ils n'étonnent d'ailleurs son entourage.

L'important à retenir de la façon d'agir du Sagittaire est que sa sincérité ne fait pas de doute, qu'elle est réelle à chacune de ses phases homosexuelles ou hétérosexuelles : tout est, pour lui, une question d'ambiance, de temps, de circonstances.

Le Sagittaire est conscient de cette attirance qu'il éprouve pour tout ce qui est nouveau et il n'ignore pas à quel point des sollicitations extravagantes lui sont nécessaires pour être à la hauteur de ses appétits sexuels, lesquels sont aussi fluctuants que ses désirs.

En tout cas, il est toujours prêt à s'enflammer si le tison est suffisamment ardent. Le Sagittaire dépend donc beaucoup des autres pour bien vivre sa sexualité. Il a besoin d'être encouragé, émoustillé, guidé.

La plupart du temps, sa vie amoureuse s'accomplit dans une suite d'aventures, plutôt que dans une relation suivie.

L'homme Sagittaire

dans ses relations homosexuelles
avec les natifs
des douze signes zodiacaux

Avec le Bélier

Voilà une relation tout feu tout flammes, pleine de passion et d'impatience ! Il arrive que l'attraction entre le Sagittaire et le Bélier soit d'abord très forte, puis qu'elle diminue considérablement, pour renaître encore plus vive par la suite. Cela donne une liaison violente, un peu épuisante, mais tout à fait conforme à la nature des deux partenaires en présence.

Avec le Taureau

Entre les natifs de ces deux signes, les contrastes sont extrêmement marqués. Le Sagittaire s'impatiente souvent de la lenteur, de la profondeur, des exigences, de la possessivité du Taureau, tandis que ce dernier n'arrive pas à comprendre comment son partenaire peut passer aussi facilement d'un extrême à l'autre. Ils s'observent parfois avec méfiance, puis succombent à de brusques et violentes attractions sexuelles... qui se calment tout aussi subitement. Le Taureau n'est pas fait pour ces changements perpétuels d'humeur et d'attitude et les accepte mal.

Avec le Gémeaux

La relation qui unit le Sagittaire et le Gémeaux est menée à un rythme extrêmement rapide, presque infernal. Plus changeants l'un que l'autre, ils ne savent jamais où ils en sont et les défis qu'ils ont à relever sont constants : le premier veut dicter sa loi au Gémeaux qui, lui, veut y échapper. Le Sagittaire est tout de même passablement intrigué par ce compagnon qui possède une telle somme de connaissances et qui manifeste de la curiosité pour tout et pour tous. Mais ce qui domine, en fait, dans ce genre de liaison, c'est une grande insécurité.

Avec le Cancer

Le feu du Sagittaire et l'eau du Cancer : la passion contre l'imagination ! Qui va dominer ? C'est une question à laquelle il est difficile de répondre car ils ont tous les deux besoin d'être le numéro un au sein d'une relation. Pour atteindre ce but, ils s'y prennent chacun d'une manière différente : le Sagittaire laisse éclater violemment sa passion au grand jour... pour se retirer peu après, tandis que le Cancer se sert de son étonnant pouvoir de séduction et s'impose sans en avoir l'air. Etrange, cette relation, mais pas complètement rassurante pour les deux partenaires.

Avec le Lion

Entre le Sagittaire et le Lion, la relation se développe souvent sur un plan supérieur, car chaque partenaire a un besoin constant de se dépasser et de dépasser l'autre, de se prouver qu'il est capable d'aller plus loin, plus fort, plus haut. Leur union n'a rien de discret : elle se vit au grand jour. Elle est aussi empreinte d'une certaine démesure dans les sentiments, dans la façon d'être, et parfois même d'une pointe d'exhibitionnisme dans les affrontements... ce qui ne manque pas de divertir ceux qui y assistent.

Avec la Vierge

Les hésitations du Sagittaire se manifestent avec panache, tandis que celles de la Vierge naissent par souci... ou excès de prudence. Les deux partenaires ne savent par conséquent jamais très bien où ils en sont l'un par rapport à l'autre, d'où une relation faite de beaucoup d'insécurité et d'instabilité. Ils peuvent partager un certain goût pour la nature, les sports, la vie en plein air, la musique.

Avec la Balance

La relation entre le Sagittaire et la Balance est brillante, agréable, intéressante. Elle semble parfaite aux yeux de tous, alors qu'elle est perturbée, à certains moments, par beaucoup de tension, d'agressivité, d'impatience et de manque de compréhension. Les deux partenaires sont facilement sur la défensive l'un à l'égard de l'autre, même s'ils s'appliquent à donner aux autres l'image d'une union agréable et harmonieuse.

Avec le Scorpion

Ni l'un ni l'autre ne vivent dans les mêmes conditions, au même rythme, pas plus d'ailleurs qu'ils n'ont les mêmes aspirations. C'est pourquoi la relation entre lc Sagittaire et le Scorpion se rencontre rarement. Tous les deux peuvent en revanche s'estimer comme amis... ou comme adversaires, mais les perspectives d'une liaison stable entre eux sont pour ainsi dire inexistantes.

Avec le Sagittaire

Rien n'est moins sûre qu'une relation issue de la rencontre de deux natifs du Sagittaire : pour qu'elle ait des chances d'être viable, il faudrait que les deux partenaires vivent en même temps les mêmes passions... et mieux vaut ne pas compter dessus ! Aussi, une liaison de ce genre est-elle à éviter, car ce « décalage » devient très rapidement insupportable.

Avec le Capricorne

Le fossé qui sépare le Sagittaire du Capricorne est si profond qu'il rend la communication entre eux difficile. Ils ne sont pas capables de s'apporter grand-chose, sauf éventuellement dans les domaines musical ou philosophique, ou encore en politique. Sur les plans sentimental et sexuel en revanche, ils risquent de se sentir étrangers l'un à l'autre. Peut-être existe-t-il de rares exceptions ? Le tout est de savoir comment elles sont vécues !

Avec le Verseau

C'est leur commune mobilité qui les rapproche. En effet, trouver un compagnon encore plus instable que soi doit probablement fasciner le Sagittaire et le Verseau. Leur curiosité ne manque pas d'être piquée et leur donne envie d'examiner de plus près ce phénomène. Tout cela risque cependant de n'alimenter qu'un fulgurant feu de paille.

Avec le Poissons

Le Sagittaire et le Poissons se reconnaissent, eux aussi, dans leur dualité, dans leur diversité. Mais le Poissons s'essouffle à vouloir suivre les évolutions passionnées du Sagittaire. Quant à ce dernier, force lui est de constater que ses élans ne sont guère stimulés par les dérobades de son compagnon.

LA FEMME SAGITTAIRE HOMOSEXUELLE

Toute de flamme et de passion, la femme Sagittaire homosexuelle captive et retient bien des cœurs... mais jamais pour très longtemps. En effet, il arrive toujours le moment où elle révèle l'autre face de sa personnalité, devient distante, parfois désagréable et carrément indifférente : elle ne fait alors plus aucun effort pour séduire et surprend par son indisponibilité. Il y a de fortes présomptions pour que cette attitude en dents de scie n'en fasse pas une partenaire de tout repos en amour ; il ne faut pas oublier de compter avec ses sautes d'humeur.

Son comportement déroutant, elle en est parfaitement consciente et elle sait qu'il constitue un handicap de taille dans sa course vers le bonheur en amour. Néanmoins, elle ne fait rien pour se corriger et de daigne même pas s'en expliquer. Il en résulte de fréquents malentendus, des silences dangereux et de l'incompréhension dans ses relations intimes.

A cela s'ajoutent des attractions et des répulsions sexuelles intermittentes. Lorsqu'elle désire physiquement sa compagne, elle entend que celle-ci la comble sur le champ. Mais quand, sollicitée, c'est elle qui n'a pas envie d'une relation sexuelle, elle manifeste son refus sans ménagement, ce qui provoque bien évidemment des disputes et une profonde mésentente.

Pas question non plus qu'elle soit dérangée par sa compagne désireuse de l'intéresser à un projet qui lui tient à cœur. En revanche, le Sagittaire ne manque pas de s'offusquer si cette même compagne ne partage pas ses propres enthousiasmes ou ses aversions.

La femme Sagittaire

dans ses relations homosexuelles avec les natives des douze signes zodiacaux

Avec le Bélier

La relation entre le Sagittaire et le Bélier se noue dans de très bonnes perspectives. Forte, intense et violente, elle ne dure pourtant pas très longtemps en général, mais cela n'a pas une grande importance car les deux partenaires la vivent avec une telle véhémence, une telle profondeur, qu'elle leur laisse le plus merveilleux des souvenirs.

Avec le Taureau

Des goûts communs pour la musique et la nature sont les seuls éléments susceptibles de rapprocher une native du Sagittaire et une native du Taureau. En dehors de cela, les conceptions de chacune sont tellement éloignées de celles de l'autre qu'une relation agréable est difficile à envisager entre elles. Si elle devait cependant s'établir, elle ne serait pas destinée à durer très longtemps. Aussi est-il rare de rencontrer ce genre d'union.

Avec le Gémeaux

Voilà une relation qui fait plus de bruit que de mal ! Le Sagittaire et le Gémeaux s'affrontent dans des colères violentes, mais brèves. Elles ne sont jamais d'accord : il suffit que l'une dise blanc pour que l'autre, aussitôt, dise noir. Toutes les deux trouvent que cette situation ne manque pas de piquant et elles en rient la plupart du temps. Mais que c'est épuisant ! Elles ne mettent d'ailleurs pas longtemps à s'en apercevoir.

Avec le Cancer

La démesure du Sagittaire n'a d'égal que l'imagination débordante du Cancer. Elles s'en donnent à cœur joie pour dramatiser leur situation, pour se jeter des reproches au visage, reproches qu'elles ne comprennent pas d'ailleurs, qu'elles ne « digèrent » pas puisqu'elles ne sont pas au même diapason. C'est pendant des voyages, lorsqu'elles sont hors du quotidien, qu'elles ont le plus de chances d'être heureuses ensemble.

Avec le Lion

Tant le Sagittaire que le Lion cherchent à se dépasser pour atteindre les buts toujours plus élevés qu'elles se sont fixés, d'où une relation qui peut être de qualité, pleine de panache, avec un rien d'exhibitionnisme. L'union entre les deux partenaires est très solide et fortement vécue.

Avec la Vierge

Que de barrières à franchir — notamment celles de l'incompréhension et des malentendus — avant que les deux partenaires ne soient capables d'établir une relation stable et de valeur. Leurs hésitations à toutes les deux, le débordement de passion du Sagittaire et l'excès de réserve de la Vierge sont des éléments qui ne sont pas faits pour favoriser une telle rencontre. La durée d'une liaison, si elle se noue, est bien aléatoire.

Avec la Balance

Cette relation est intéressante, agréable, pleine de passion et de sensibilité. Les possibilités de rencontre et d'entente sont en effet grandes entre le Sagittaire et la Balance qui ne boudent pas les phases de séduction, chacune s'ingéniant à épater sa compagne grâce à des trouvailles toujours renouvelées dans l'art de la coquetterie et de la conquête.

Avec le Scorpion

Excessive, c'est le qualificatif qui convient aussi bien au Sagittaire qu'au Scorpion. Elles le sont suffisamment pour se rencontrer à un moment donné et avoir envie de vivre ensemble une passion loin d'être facile, mais brûlante et dure, intense, passionnée et parfois déchirante.

Avec le Sagittaire

Très difficile à établir une relation entre deux natives du Sagittaire, et surtout encore plus difficile à maintenir ! Le moindre décalage dans les manifestations de leurs passions mutuelles engendre des situations vraiment dramatiques. C'est dans la démesure qu'elles ont le plus de chances de se rejoindre enfin... pour une brève et brûlante aventure.

Avec le Capricorne

La passion violente du Sagittaire contre la passion froide du Capricorne ! Résultat ? Un mur d'incompréhension qu'aucune des deux partenaires ne veut escalader. Il y a donc peu de chances pour qu'elles se rejoignent, ou alors cela se passe dans des conditions si difficiles qu'elles ne tardent pas à se rendre à l'évidence et admettent qu'il vaut mieux se séparer rapidement.

Avec le Verseau

Entre le Sagittaire et cette compagne, la relation est pleine de piment et de fantaisie et elle s'établit pour une période relativement longue. L'intuition du Verseau lui annonce les orages, lui permettant ainsi de se retirer avant les averses... pour reparaître quand le ciel est dégagé, en temps opportun. Cette liaison reste cependant un peu superficielle. Elle ne comble pas les deux partenaires autant qu'elles le souhaiteraient.

Avec le Poissons

Le Sagittaire est capable de faire naître chez le Poissons des rêves d'aventures passionnées. Le Sagittaire, quant à elle, se sent attirée par cette compagne qu'elle imagine tellement disponible. Mais l'une et l'autre s'exposent à une belle déception, car la réalité est tout autre : la passion du Sagittaire s'éteint bien vite et le Poissons se révèle diablement difficile à capturer.

L'HOMME CAPRICORNE
HOMOSEXUEL

On compte peu d'homosexuels parmi les hommes nés sous le signe du Capricorne, sauf dans la colonie artistique ou politique où ils cherchent à s'entourer étroitement d'amis qui partagent leurs goûts.

L'homme Capricorne homosexuel est en général très sélectif, pudique dans l'expression de ses sentiments, mais bien moins réservé dans ses impulsions sexuelles.

Il livre peu de lui-même, de son passé, de ses aspirations véritables aux compagnons de ses joutes amoureuses. Ou alors, il ne dévoile que ce qu'il veut bien dire, et pas toujours la vérité, non pas pour tromper ni pour mentir délibérément, mais pour protéger son intimité, son être profond. Il se fait discret par crainte d'être vulnérable. Sous sa maîtrise et sa réserve apparente se cache une sensibilité d'écorché vif. C'est pourquoi il échafaude tout un système de protection, une véritable armure, qui le mettent à l'abri des blessures trop profondes.

Il est capable de fidélité, mais a surtout besoin d'une présence physique, si bien qu'il s'implique plus fortement dans une relation sensuelle et sexuelle que dans une relation purement affective. Le Capricorne est facilement confiant et il exige la même confiance en retour : il déteste être suspecté, contrôlé. Si on le trompe, il rompt et la séparation est alors définitive, dans son cœur aussi bien que dans sa tête. Il pourra encore avoir des relations sexuelles avec son ancien compagnon, mais celui-ci n'aura plus aucune valeur humaine à ses yeux : il s'en servira pour le seul plaisir, sans rien partager.

Jusque tard dans sa vie, il reste à la recherche d'êtres jeunes, car il a tendance à avoir une répulsion instinctive pour la vieillesse, même dans son âge mûr.

L'homme Capricorne

dans ses relations homosexuelles avec les natifs des douze signes zodiacaux

Avec le Bélier

Le Capricorne a tout son temps... le Bélier aime la vitesse : c'est une relation qui réunit toutes les patiences à toutes les impatiences ! Le premier a plus de maturité et regarde placidement son compagnon s'agiter, mais il est attiré par cette vivacité et par cette jeunesse de comportement. Entre les deux partenaires surgissent parfois des affrontements violents, mais de courte durée.

Avec le Taureau

Une relation entre le Capricorne et le Taureau a toutes les chances de se révéler stable et solide. Il arrive néanmoins que le Taureau se sente un peu frustré par l'attitude assez distante de son compagnon. Le Capricorne, quant à lui, peut être parfois énervé par le comportement lent et la possessivité du Taureau. Mais la confiance qu'ils manifestent l'un envers l'autre est grande, d'où la possibilité de nouer une liaison durable.

Avec le Gémeaux

Les deux partenaires ont plus envie de se connaître sur le plan intellectuel que sur le plan affectif ou sentimental. De toute façon, le Capricorne a trop d'exigences et le Gémeaux pas assez de profondeur pour qu'ils envisagent une relation suivie. Le comportement juvénil du Gémeaux agace le Capricorne. En revanche, le Gémeaux trouve que son compagnon est un tantinet vieux jeu ou qu'il fait un peu trop montre de sa maturité. Le charme des contrastes qui attiraient les deux partenaires au départ ne résiste malheureusement guère à l'usure du temps.

Avec le Cancer

L'attraction est très forte entre ces deux êtres absolument dissemblables. Le Capricorne est poussé par l'envie de comprendre le Cancer si évanescent, si rêveur, si fortement conditionné par son psychisme et par son imagination. De son côté, le Cancer est en quelque sorte fasciné par ce compagnon fermé, stable et apparemment invulnérable qu'est le Capricorne. Entre eux, la relation amoureuse est pleine d'imagination et de sensualité, mais leurs différences s'accusent tôt ou tard et créent alors des tensions difficiles à surmonter.

Avec le Lion

Les rapports entre le Capricorne et le Lion tiennent davantage de l'affrontement que de la liaison. Les défis sont constants et nombreux à relever : tous les deux ont besoin de dominer, sont orgueilleux et sont patients jusqu'à l'obstination. C'est donc un concours quotidien d'endurance pour voir lequel des deux tient le coup le plus longtemps. Cette compétition de chaque instant laisse évidemment peu de temps pour exprimer une sensibilité et une affectivité profondes.

Avec la Vierge

La relation la plus forte et la plus solide c'est sans aucun doute entre le Capricorne et la Vierge qu'elle existe. Il y a autant de passion contenue et de sensualité chez l'un que chez l'autre. La liaison est en général discrète, intense et tenace. Les deux partenaires aiment à entretenir une sorte de mystère, à garder une certaine réserve dans l'expression de leurs sentiments, mais leurs passions sont violentes.

Avec la Balance

Ce n'est pas une relation facile que celle qui s'établit entre le Capricorne et la Balance. Elle aussi est perturbée par des affrontements dans lesquels chacun des partenaires sait tellement bien frapper son compagnon à ses points les plus sensibles qu'il s'en fait un adversaire. Les coups font extrêmement mal. Alors, d'un commun accord, ils décident généralement tous les deux de ne pas prolonger leur relation trop longtemps.

Avec le Scorpion

Entre le Capricorne et le Scorpion, la rencontre est extrêmement intéressante. Les deux êtres en présence se jaugent, se mesurent, connaissent leur valeur et sont capables de vivre une forte relation sexuelle sans que soit entamée, pour autant, l'autonomie de l'un ou de l'autre. Même dans une liaison des plus intenses sur le plan sexuel, chacun reste solitaire.

Avec le Sagittaire

Imaginer une relation durable entre le Capricorne et le Sagittaire est plutôt utopique. En voilà deux qui s'affrontent sans arrêt, qui sont aussi exigeants l'un que l'autre ! Comment un dialogue valable pourrait-il s'établir entre le Capricorne, tout de stabilité et de solitude, et le Sagittaire qui passe sans cesse d'un extrême à l'autre et qui tient à s'affirmer par n'importe quel moyen ?

Avec le Capricorne

Une relation entre deux natifs du Capricorne est à déconseiller : elle devient rapidement tyrannique, sans manifestation de grande chaleur. L'attraction sexuelle peut surgir néanmoins entre deux partenaires séparés par une grande différence d'âge, mais le plus jeune d'entre eux ne tolère pas du tout l'emprise que son compagnon cherche à exercer sur lui.

Avec le Verseau

Ils ont bien des chances de se plaire ! Le Capricorne prend le même plaisir à voir évoluer le Verseau qu'un entomologiste qui se délecte dans l'observation d'un papillon. Le Verseau, quant à lui, est agréablement intrigué par cet observateur attentif à ses moindres faits et gestes et qui se transforme parfois en amant délirant. Mais il faut reconnaître que la communication affective est pour ainsi dire inexistante entre les deux partenaires.

Avec le Poissons

Le Capricorne et le Poissons sont bien trop occupés l'un et l'autre à se protéger de toute forme de dépendance affective pour envisager d'entretenir une relation suivie. Rien n'empêche toutefois qu'ils ne se retrouvent parfois, à intervalles irréguliers, pour vivre une aventure romantique... et sans lendemain.

LA FEMME CAPRICORNE HOMOSEXUELLE

La difficulté qu'elle éprouve à vivre sa féminité n'est pas étrangère à son orientation homosexuelle. Elle se désire homme, et dans le couple qu'elle forme, c'est cette image virile d'elle-même, et à laquelle elle tient, qu'elle offre à sa compagne. Le fort ascendant qu'elle exerce sur les gens lui permet de prendre toutes les décisions qui s'imposent dans la vie courante, aussi bien pour son amie que pour elle-même.

La femme Capricorne homosexuelle vit donc pour elle, à son rythme personnel et exactement comme elle l'entend. Les autres ne comptent pas beaucoup à ses yeux, sauf s'ils sont capables de s'intégrer, sans trop rechigner, à l'univers qui lui est propre.

Son amour, eh bien c'est une cage dorée dont les barreaux marquent des limites bien précises... à ne pas franchir ! Pour qui l'aime, pour qui est prête à suivre ses directives, le Capricorne incarne une sécurité et une solidité à toute épreuve. Elle n'impose jamais rien : elle ne fait que suggérer, mais avec une telle force de persuasion qu'il est difficile de ne pas comprendre son message. Elle insiste sur la liberté qu'elle laisse à sa compagne, mais si celle-ci vient à en profiter, elle est certaine de perdre l'amour du Capricorne définitivement.

Dans ce cas-là aussi, pas un mot n'est prononcé, rien n'est tranché en apparence et pourtant il ne subsiste plus alors de leur liaison qu'une façade branlante, sans fondement.

Aussi brûlante que puisse être sa passion amoureuse, le Capricorne ne demande jamais rien car son orgueil lui interdit de quémander. Si sa partenaire ne devine pas ce qu'elle en attend, elle ne dit toujours rien et finit par jeter son dévolu sur une autre compagne, plus disponible, et un jour, brusquement, la voilà qui consomme la rupture sans espoir de racommodement.

Le Capricorne donne l'impression d'être ouverte, parle de mille choses à sa compagne, sauf des sentiments qu'elle éprouve véritablement : son amour est en général silencieux, ne s'exprime pas en paroles.

La femme Capricorne
dans ses relations homosexuelles avec les natives des douze signes zodiacaux

Avec le Bélier

La relation entre le Capricorne et le Bélier est plus proche du combat singulier que du paisible duo d'amour. Les deux partenaires s'affrontent non seulement sur le plan affectif, mais aussi sur le plan sexuel. Leur vie quotidienne est faite de défis toujours renouvelés, chacune cherchant à affirmer sa supériorité... bien que ni l'une ni l'autre ne veuille en convenir.

Avec le Taureau

Si c'est le Capricorne qui, dans le couple, est aux commandes, la relation a bien des chances de se révéler durable. En revanche, si le Taureau se montre possessive, accaparante, exigeante ou jalouse à l'excès, elle risque de tout compromettre car sa compagne à besoin qu'on lui fasse confiance et ne supporte pas que la sincérité de son amour soit sans cesse remise en question par des doutes et de la méfiance. Le Taureau décharge volontiers sa compagne des obligations du train-train quotidien, alors que le Capricorne, par son travail, prend à sa charge la sécurité matérielle du couple. Le domaine à travers lequel elles se rejoignent surtout est celui de la sensualité.

Avec le Gémeaux

Le Capricorne et le Gémeaux s'observent soigneusement, sans forcément parvenir à se comprendre, ni être capables d'établir une relation profonde et durable. En effet, il y a trop de maturité chez la première, trop de juvénilité chez la seconde. Pendant un certain temps, elles peuvent trouver cela amusant, agréable même, mais pas au point d'envisager une vie en commun de longue durée.

Avec le Cancer

Bien qu'elles aient souvent de la peine à se comprendre, le Capricorne et le Cancer s'attirent fortement. Elles ont l'une sur l'autre — et elles en sont conscientes — une emprise très nette, très profonde et qui risque de durer longtemps. Pourquoi « risque » ? Parce que la relation n'est pas toujours facile ! Elles sont aussi exigeantes l'une que l'autre : il y a énormément de rigueur, de réserve ou de distance chez le Capricorne, un débordement d'imagination et de rêve chez le Cancer. Néanmoins, l'amour agit entre elles à la façon d'un aimant puissant.

Avec le Lion

Avec le Capricorne et le Lion, ce sont deux dominatrices qui se font face, deux orgueilleuses, dont ni l'une ni l'autre n'est prête à faire des concessions, du moins pas sur des questions essentielles. Elles s'observent, se défient, se mesurent et cherchent, bien entendu, à vaincre. Il arrive pourtant qu'elles se lassent de ce sempiternel combat et la rupture intervient alors, définitive, irrévocable, comme si rien n'avait jamais existé entre elles.

Avec la Vierge

Voilà une relation qui peut être d'excellente qualité et durer longtemps... pour autant que la Vierge ne se laisse pas trop dominer, ne soit pas trop disponible et, surtout, ne se montre pas trop humble face à l'orgueil du Capricorne. Cette dernière n'apprécie, en effet, que des partenaires de sa force et de sa taille : elle a tôt fait de dédaigner les gens qui lui cèdent sans aucune résistance.

Avec la Balance

Si quelqu'un a le don d'agacer le Capricorne, c'est bien la Balance : ses coquetteries, ses minauderies — elle en fait parfois trop — et son besoin de plaire sont, aux yeux de sa compagne, poussés jusqu'à l'absurde. Si elle veut réussir à plaire au Capricorne, la Balance doit faire preuve de sérieux, d'une certaine discipline, d'un goût et d'une disposition véritables pour l'art et l'esthétique, et s'abstenir de récriminer. Comme on le constate, ce n'est pas une relation facile à établir.

Avec le Scorpion

Bien que ponctuée de violence et d'affrontements — qui n'entament cependant jamais leur respect réciproque — la relation entre le Capricorne et le Scorpion peut se révéler profonde, franche et durable. Les deux partenaires sont capables de se montrer pleines d'humour, d'un humour parfois noir, ou féroce, mais qu'elles apprécient autant l'une que l'autre. Leur relation n'est pas fade en tout cas. Elle est exigeante, dure et forte.

Avec le Sagittaire

Devenir de bonnes amies, philosopher ensemble, voilà qui est dans les cordes du Capricorne et du Sagittaire. Quant à établir entre elles des relations stables et durables sur le plan sentimental, c'est une autre question. Leurs idées, leurs conceptions ne sont pas les mêmes. Si elles sont capables de se respecter, de s'écouter, elles parviennent en revanche difficilement à vivre ensemble. La monstrueuse intransigeance et la froide passion du Capricorne ne s'accordent pas avec les ardentes passions du Sagittaire.

Avec le Capricorne

Il est rare qu'elles se choisissent pour établir une union suivie, car elles connaissent trop leur besoin de secret et leur égoïsme naturel. Il n'empêche qu'elles peuvent parfaitement apprécier une brève aventure ensemble, surtout dans leur jeune âge. En effet, ce qu'elles redoutent chez leur partenaire, plus encore que chez elles-mêmes, ce sont les stigmates de l'âge.

Avec le Verseau

La fraîcheur, la fantaisie et le besoin d'indépendance du Verseau sont des éléments qui ne manquent pas de stimulant pour le Capricorne, laquelle ne recule pas devant les défis à relever... et celui qui consiste à maîtriser et à soumettre sa compagne en est un de taille. Mais combien de temps le Verseau acceptera-t-elle cette dépendance ?

Avec le Poissons

Le Capricorne est séduite par le romantisme, par la tendresse, par la féminité du Poissons, mais l'incapacité dans laquelle elle se trouve d'imposer, de façon durable, son emprise sur sa fuyante compagne la lasse rapidement. Elle est d'accord, bien sûr, de faire des efforts, mais pas s'ils sont destinés à reconquérir encore et toujours ce qu'elle possède déjà. Pour qu'ils l'intéressent, les défis doivent être nouveaux : le Capricorne commet rarement deux fois la même erreur.

L'HOMME VERSEAU
HOMOSEXUEL

Lorsqu'il est homosexuel, l'homme Verseau l'est généralement sans grand problème : cette particularité ne fait que s'ajouter aux différences qu'il constate entre lui et les autres dans tous les domaines.

Il assume son homosexualité simplement : elle fait partie de lui. A certains moments, il peut même se laisser tenter par la bisexualité, car il ne rate jamais une occasion de plaire, de séduire, d'exercer son charme. Tout l'intéresse, absolument tout ! Il est fortement attiré par des gens un peu bizarres, excentriques, capables d'afficher une grande indépendance d'esprit et de comportement.

Pourtant, si l'homme Verseau homosexuel exige de son partenaire une ouverture d'esprit assez grande, liée à une compréhension généreuse pour les incartades auxquelles le conduit son côté très flirt, son inquiétude innée le pousse à rechercher un être capable d'une grande fidélité lorsqu'il s'agit de choisir le compagnon avec lequel vivre. Sensible, vulnérable, peu sûr de lui, il est en effet avide d'amour malgré son attitude frondeuse et il a un besoin constant d'être sécurisé.

Le Verseau se sent par exemple très heureux avec un partenaire qui lui témoigne un amour inébranlable, plein d'indulgence maternelle, d'admiration, et qui, de plus, se renouvelle suffisamment dans le quotidien pour donner l'impression de ne pas toujours être le même compagnon : un amoureux parfait, quoi ! Cette exigence profonde indique que, sur le plan affectif, le Verseau risque de demeurer un adolescent tout au long de sa vie.

L'homme Verseau
dans ses relations homosexuelles
avec les natifs
des douze signes zodiacaux

Avec le Bélier

Le Verseau et le Bélier peuvent vivre une relation agréable, intense, pleine de jeunesse, de force et de vivacité, mais ils ne s'attardent généralement pas très longtemps ensemble.

Avec le Taureau

Cette rencontre est celle de deux affectifs. Le constant besoin de plaire et de séduire du Verseau irrite le Taureau, alors que la stabilité de ce dernier, sa sécurité, sa possessivité agacent le Verseau. Les attitudes des deux partenaires sont donc toujours contrariées, si bien que leur liaison est loin d'être sans problèmes, même s'ils éprouvent une forte attraction l'un pour l'autre.

Avec le Gémeaux

Le Verseau et le Gémeaux vivent plutôt une relation intellectuelle, davantage motivée par des intérêts communs, par la curiosité qu'ils ont l'un de l'autre, que par une profonde affectivité. Ils se comprennent bien, s'épatent mutuellement, ont le goût de prendre la vie légèrement, agréablement, de façon un peu extravagante parfois, mais sans s'engager trop avant. Le Verseau ne trouve pourtant pas son compte dans ce genre d'union, car il a besoin de plus de sécurité, de plus de stabilité. Une pareille liaison pourrait en revanche être valable, agréable, juste le temps de passer des vacances ensemble, ou de courtes périodes, car elle aboutit rarement à une relation suivie. Il y a toujours des exceptions, bien sûr !

Avec le Cancer

La relation entre le Verseau et le Cancer n'est pas destinée à durer longtemps. Les deux partenaires se regardent de tellement loin : le premier, avec son intuition face à l'imagination du Cancer, avec son besoin d'indépendance face au besoin de communication de son compagnon, avec son habitude, en bon Verseau qu'il est, de vivre dans le présent et même dans l'avenir, alors que le Cancer s'accroche au passé, soucieux d'y garder ses racines. La distance est difficile à combler, d'où une relation assez compliquée.

Avec le Lion

En langage télégraphique, la relation entre le Verseau et le Lion peut s'exprimer ainsi : besoin de liberté contre désir de posséder, le tout dominé par une fascination réciproque. Ces deux êtres, de nature diamétralement opposée, ont pourtant le goût de parcourir un bout de chemin ensemble : ils partagent un même idéal affectif et sentimental. Mais chaque fois que l'un ne répond pas exactement à ce que l'autre attend de lui, ils se déchirent sans merci.

Avec la Vierge

L'intuition du Verseau est confrontée au raisonnement de son compagnon, tout comme l'est son indépendance face à l'ordre et au sens de l'organisation de la Vierge. Tenter une expérience alors qu'ils sont si différents l'un de l'autre ne rebute toutefois pas les deux partenaires, mais cela ne se fait pas sans problèmes. La grande sensibilité, l'immense besoin d'affection et de communication affective qui caractérisent le Verseau ne rendent pas le dialogue facile avec la Vierge chez qui ce sont la sensualité et le besoin de compréhension intellectuelle qui priment.

Avec la Balance

Voilà le genre de relation idéal pour les vacances ou pour de courtes périodes. Le Verseau et la Balance vivent dans le rêve, ont autant d'imagination l'un que l'autre, sont loin de dédaigner le luxe, ont un net penchant pour la liberté et aiment la fantaisie. Ils choisissent délibérément d'oublier tout le concret, tout le présent, pour plonger dans un monde à part : cela ne manque pas d'agrément... juste le temps qu'il faut !

Avec le Scorpion

Le Verseau et le Scorpion ont des désirs et des besoins sentimentaux très forts, mais ils les expriment d'une manière différente : le Verseau veut séduire, le Scorpion veut posséder. La plupart du temps, la relation est violente et de courte durée. Mais il arrive aussi que des réconciliations intenses alternent avec des ruptures qui ne sont pas aussi définitives qu'on pourrait le croire à chaque fois !

Avec le Sagittaire

Tout feu, tout flamme, tels sont le Verseau et le Sagittaire l'un pour l'autre. Leur relation est donc intense, empreinte de rapidité et d'une mobilité qu'ils ont parfois de la peine à comprendre. Le bilan d'une telle liaison peut être positif : beaucoup de plaisir.

Avec le Capricorne

Dans la relation entre le Verseau et le Capricorne, l'obstacle majeur est la difficulté qu'ils ont à se trouver, à se comprendre totalement, profondément. Pourtant, le Capricorne apporte à son compagnon cette stabilité à laquelle le Verseau rêve sans arrêt... rêve incompatible avec l'acharnement qu'il met à conquérir sa liberté.

Avec le Verseau

Leurs ressemblances sont telles qu'elles les empêchent d'être complémentaires. Il n'est pas exclu que deux natifs du Verseau fassent un bout de chemin ensemble, mais chacun cherche ailleurs un partenaire plus stable et plus rassurant, car il se connaît suffisamment pour savoir que ce n'est pas chez un compagnon du même signe zodiacal qu'il trouvera ces qualités.

Avec le Poissons

Une relation suivie s'établit difficilement entre le Verseau et le Poissons : ni l'un, ni l'autre n'offrent les garanties de stabilité et de sécurité qu'ils recherchent mutuellement dans leur vie sentimentale. Et puis, le Verseau est très vite fâché de découvrir son compagnon encore plus évanescent que lui !

LA FEMME VERSEAU HOMOSEXUELLE

Lorsque la native du Verseau est homosexuelle, elle l'est totalement, sans complexe : elle affirme sa différence sexuelle avec un naturel déconcertant. Elle va même, parfois, jusqu'à faire du prosélytisme... mais se désintéresse des résultats de sa « campagne » de recrutement et des adeptes qu'elle a converties. Pour elle, seule compte son humeur du moment présent !

Elle s'attache souvent à des êtres étranges, excentriques. On la dit « flirt », mais elle n'entretient de véritables relations qu'avec les gens qu'elle aime. Elle veut bien jouer la séduction, mais ne se donne que si elle éprouve un sentiment sincère pour sa partenaire. N'allez pas en déduire que c'est là, forcément, une garantie de durée ! Mais c'est au moins un gage de sincérité.

La femme Verseau homosexuelle est cependant tout à fait capable de rester fidèle dans la mesure où ses besoins d'indépendance et de liberté sont respectés, où on la laisse « respirer » à l'intérieur d'une relation, si passionnée soit-elle. Elle fait songer à un cheval sauvage qui n'est heureux et docile que la bride sur le cou. Toute contrainte, toute sujétion la révulsent et le meilleur moyen de la perdre... c'est de chercher à l'attacher.

La femme Verseau
dans ses relations homosexuelles avec les natives des douze signes zodiacaux

Avec le Bélier

Voilà une combinaison zodiacale excellente, qui assure une union pleine de fantaisie, de gaieté, de force et de défis pleinement assumés ! Toutefois, malgré toute la joie, la couleur et la spontanéité qui entrent dans cette relation, cette dernière ne semble pas destinée à durer sauf, curieusement, si elle s'établit entre de très jeunes personnes.

Avec le Taureau

D'un côté le Verseau, qui veut constamment sa liberté, et de l'autre côté le Taureau, qui veut constamment piéger, retenir celle qu'elle aime ! Au départ, l'antagonisme est de taille et la relation a de la peine à se nouer, même si l'attraction est très forte tant affectivement que sensuellement. Pour que ce genre d'union ait une chance de survie, il faut que le Taureau consente à lâcher beaucoup de bride au Verseau et qu'elle ne s'offusque ni des caprices, ni des numéros de séduction de sa compagne.

Avec le Gémeaux

Ce sont la spontanéité et la rapidité d'action qui caractérisent le Verseau, cette « intuitive-sentimentale », alors que le Gémeaux, quant à elle, est plus indécise, observe davantage qu'elle n'agit et préfère, dans sa vie sentimentale, manipuler, intriguer, user de coquetterie... ce qui a le don d'agacer le Verseau au plus haut point. Elles connaissent pourtant des moments d'entente très pure, subtile, de grande qualité, mais passagers. Entre elles, la romance prend le pas sur la réalité si bien que, très souvent, elles s'engagent dans des idylles épistolaires remarquables, qui les satisfont mieux qu'une relation pleinement vécue.

Avec le Cancer

Le Verseau et le Cancer ne donnent pas du tout l'impression de vivre dans le même monde, ni sur la même planète. Elles ont autant de fantaisie l'une que l'autre, mais le manifestent d'une manière différente. Tout est spontanéité, vivacité et goût de l'indépendance chez le Verseau, alors que tout est rêverie, sens des responsabilités, instinct maternel très prononcé chez le Cancer. Une attraction spontanée surgit parfois entre elles, mais elle est généralement brève. En effet, les deux partenaires ne tardent pas à se rendre compte qu'elles sont incapables de s'apporter beaucoup... et pour longtemps.

Avec le Lion

Dire que les contraires s'attirent est tout ce qu'il y a de plus vrai dans leur cas ! Le Verseau est sensible au sentiment de sécurité que lui procure l'apparente confiance en soi du Lion, laquelle, pour sa part, est séduite par le désir, le besoin d'indépendance, de fantaisie, d'autonomie et d'affirmation de personnalité qui sont l'apanage du Verseau. Très vite cependant, l'impérieuse nécessité qu'elles ont l'une et l'autre d'aimer et d'être aimées, d'être admirées, comprises, entourées, d'avoir des relations stables, leur fait comprendre qu'elles ne sont pas capables de s'apporter suffisamment de quiétude et de sécurité pour oser envisager une liaison de longue durée.

Avec la Vierge

A première vue, elles semblent aux antipodes l'une de l'autre : le Verseau, toute de fantaisie, la Vierge, toute de raisonnement. Chacune d'elles a pourtant besoin de sensibilité, d'une certaine forme de sensualité et, même s'il y a divergence dans leur manière d'être, elles ont parfois envie de cheminer ensemble. Mais voilà encore une relation dans laquelle les partenaires ne sont pas faites pour s'apporter beaucoup de stabilité, pas plus qu'elles ne sont capables de s'inspirer mutuellement un sentiment de sécurité qui puisse résister à l'usure du temps.

Avec la Balance

Amours de vacances, voyages, divertissements, tels sont les plaisirs que le Verseau et la Balance peuvent particulièrement envisager ensemble, car il existe chez toutes les deux le goût, le désir, le besoin de vivre un peu hors de l'ordinaire, hors du concret et de la routine. Elles se ménagent alors un véritable temps d'arrêt, une sorte de parenthèse consacrée au plaisir qu'elles sont en mesure de partager remarquablement. Dans le quotidien en revanche, chacune aspire à une relation beaucoup plus stable et de plus longue durée.

Avec le Scorpion

Entre le Verseau et le Scorpion, les risques d'affrontements sont extrêmement grands, pour ne pas dire inévitables : c'est une lutte sans merci qui oppose le besoin d'indépendance de l'une au besoin de soumettre de la seconde. Les exigences affectives sont plus intenses chez le Verseau, les exigences sexuelles plus fortes chez le Scorpion. C'est pourquoi une relation stable et suivie est difficilement envisageable entre elles.

Avec le Sagittaire

Comme le Verseau et le Sagittaire se sentent bien côte à côte ! Elles ont parfois le goût de commettre des extravagances ensemble, d'aller jusqu'au bout d'elles-mêmes, de leurs passions, de leurs désirs, de leurs émotions, dans la joie aussi bien que dans le drame d'ailleurs ! La relation qui en résulte est par conséquent intense... mais pas toujours des plus reposantes.

Avec le Capricorne

Aussi curieux que cela paraisse, le Verseau et le Capricorne ont « de quoi » vivre ensemble, chacune donnant à l'autre ce qui lui manque. La relation n'est pas simple, bien sûr, mais peut être viable : le Verseau apporte de la fantaisie, de la gaieté, un certain goût de l'aventure et du lendemain au Capricorne qui, elle, s'avère rassurante, sécurisante et par conséquent capable d'introduire dans la vie de sa compagne un important élément de stabilité.

Avec le Verseau

La relation entre natives du Verseau peut exister au moment de l'adolescence, de la première jeunesse. Les deux partenaires ont alors envie de s'unir pour mieux témoigner de leur amour et faire ressortir leur différence sexuelle aux yeux des autres. Mais le couple reste rarement formé pour longtemps, car il est trop exposé aux aléas, aux fantaisies, pour résister aux implications concrètes de la vie quotidienne.

Avec le Poissons

Le Verseau et le Poissons peuvent se plaire, partager certains rêves, vivre des aventures extravagantes, des vacances agréables, mais elles ne cherchent généralement pas à s'engager dans une vie commune qui, elles en sont parfaitement conscientes, n'a aucune chance de leur apporter la sécurité dont elles ont tellement besoin l'une et l'autre.

L'HOMME POISSONS
HOMOSEXUEL

L'homme Poissons homosexuel ne l'est pas à cent pour cent : le natif de ce signe est plutôt naturellement bisexuel. Plaire, voilà ce qu'il veut avant tout, et être certain de pouvoir encore et toujours séduire hommes ou femmes... indifférement ! Une fois le résultat atteint, il n'accorde pas forcément ses faveurs sexuelles. Pour lui, les prémices comptent plus que l'accomplissement. Il est passé maître dans l'art de se dérober au moment psychologique. Autant il est capable de se montrer tendre, délicat, raffiné, pressant dans les approches de l'amour, autant il peut se révéler impatient et rapide dans l'acte sexuel lui-même.

Il prend un malin plaisir à insécuriser son partenaire et n'hésite pas à le défier, à le critiquer. Mais qu'on agisse la même chose avec lui... alors il est choqué, décontenancé, blessé. Il s'efforce cependant d'accuser le coup sans qu'il y paraisse, de retrouver son aplomb aussi vite que possible, car il n'aime pas que l'on s'aperçoive que quiconque a eu barre sur lui.

Dans ses relations amoureuses, il perd un temps fou à édifier des défenses, à tendre des pièges. Il est Poissons, c'est évident, mais il refuse d'être pris à l'hameçon, si bien qu'il combine toutes sortes de plans pour être aimé sans être pris au filet de l'amour : cela fait partie de ses contradictions, de ses charmes. A force de patience et d'attention, il y a de fortes chances de s'en faire un amoureux au-dessus de la moyenne, toujours un peu rétif à toute forme de possessivité, mais fondant de tendresse.

L'homme Poissons
dans ses relations homosexuelles
avec les natifs
des douze signes zodiacaux

Avec le Bélier

Le Poissons et le Bélier ne vivent pas du tout dans le même monde. L'imagination et la profonde rêverie psychique du Poissons peuvent être captivées un moment par l'impérieux besoin de mouvement du Bélier et par sa jeunesse de comportement. Les deux partenaires sont toutefois trop éloignés l'un de l'autre pour qu'une relation suivie ait des chances de se nouer entre eux.

Avec le Taureau

Voilà une relation qui ne manque pas d'agrément bien qu'elle soit un peu frustrante pour le Taureau. Ce dernier, qui a besoin de davantage de stabilité et qui est surtout très possessif, se retrouve avec un Poissons expert dans l'art de fuir les contraintes et de se dérober à l'emprise des autres. Alors...

Avec le Gémeaux

Les natifs de ces deux signes zodiacaux ont de la peine à se rejoindre, à se comprendre. Le langage du Poissons est essentiellement mystique, imaginatif, alors que le Gémeaux s'exprime en termes de logique et de raison, avec précision. L'écart est trop grand dans leur manière de communiquer pour qu'ils puissent espérer nouer une relation durable.

Avec le Cancer

La rencontre entre un Poissons et un Cancer est celle de deux êtres à la fois imaginatifs, rêveurs et fortement conditionnés par leur psychisme. Sujets autant l'un que l'autre à des états d'âme variables, ils risquent, dans leur relation quotidienne, de se baser plutôt sur des indices que sur des faits et de laisser parler leur imagination au détriment de la réalité. Par conséquent et même si elle est profonde, cette relation présente quelque danger parce que pleine d'équivoques, d'insinuations.

Avec le Lion

Rien n'empêche le Poissons de se laisser séduire par le côté brillant et la force apparente du Lion ! Mais rien ne l'empêche non plus de se rebeller en même temps contre la domination que son partenaire ne manque pas de faire peser sur lui, si bien que la relation se trouve en péril tôt ou tard.

Avec la Vierge

La communication s'avère bien difficile entre le Poissons, trop fortement imprégné de sa force psychique, et la Vierge qui, lui, est extrêmement attaché à sa sensualité et à son besoin de raisonner. Très différents l'un de l'autre, les deux partenaires se regardent, ne se comprennent pas, mais peuvent toutefois envisager de parcourir un bout de chemin ensemble... ne serait-ce déjà que pour essayer de mieux « déchiffrer » un être complètement dissemblable de soi.

Avec la Balance

Le Poissons ne reste certainement pas insensible au côté charmeur de la Balance, à sa séduction oh combien opérante et à la faculté qu'il a de prendre la vie agréablement et de se la rendre facile.

Avec le Scorpion

Le moins qu'on puisse dire est que leur complicité est profondément établie, bien que le Poissons ne soit pas toujours prêt à se plier aux exigences sexuelles du Scorpion, d'où risques de conflits. Si les deux partenaires ont tendance à s'adonner à la boisson ou à la drogue, la relation peut devenir extrêmement dangereuse et destructrice.

Avec le Sagittaire

C'est en dents de scie que se présente la relation entre le Poissons et le Sagittaire. Elle est plutôt bizarre avec ses hauts et ses bas pleins de violence, que ce soit dans l'attraction ou dans la répulsion. Mais il est des instants durant lesquels les deux partenaires connaissent des joies d'une rare intensité.

Avec le Capricorne

Aucun des deux n'est d'accord de céder et la relation prend la tournure d'une lutte permanente. Tant le Poissons que le Capricorne connaissent leurs points faibles et leurs points forts et ils ne se font pas faute d'en jouer assez habilement. Il n'y a ni vainqueur ni vaincu dans leur union : c'est une sorte de guerre d'usure à laquelle les deux compagnons prennent d'ailleurs goût et participent avec un certain plaisir.

Avec le Verseau

L'intuition du Poissons contre le pressentiment du Verseau, l'imagination et le rêve du premier contre la spontanéité du second ! C'est dire que les deux partenaires ne vivent pas au même rythme, ni sur le même plan. Ils peuvent s'étonner de leurs natures respectives, mais ont rarement envie de vivre ensemble.

Avec le Poissons

La relation entre deux natifs du Poissons est difficile. Chacun attend de l'autre qu'il prenne l'initiative... mais redoute en même temps d'avoir à s'engager totalement dans des amours tendres et fragiles. L'union devient dangereuse si l'un des deux, ou l'un et l'autre s'adonnent à l'alcool ou se droguent, la détérioration physique et morale survenant rapidement chez les deux partenaires.

LA FEMME POISSONS
HOMOSEXUELLE

Si elle est homosexuelle, la femme Poissons vit assez mal sa différence sexuelle, principalement parce qu'elle est profondément féminine, et ne parvient pas à s'épanouir totalement. La native de ce signe zodiacal est plutôt attirée par une relation hétérosexuelle, car elle peut y jouer à la fois le rôle d'épouse et de mère, ce dont elle n'est pas peu fière face à la société. Pour elle en effet, l'opinion des gens compte énormément et il faut qu'elle ait été très cruellement déçue par un homme — ou les hommes — pour se décider à chercher refuge et amour auprès d'une femme.

Elle ne se fait pas assez confiance pour oser puiser son bonheur en elle-même, pour s'aventurer à le construire seule : elle est persuadée que la réussite de sa vie dépend des autres. Comme elle est résolument romantique, elle pense que ce sont précisément les autres qui vont être les artisans du succès de sa vie sentimentale.

Malheureusement, elle se nourrit parfois de trop d'illusions et risque d'être déçue dans ses relations homosexuelles, à moins de trouver une compagne forte et rassurante qui soit capable de lui apporter, sans défaillance, la sécurité, la tendresse et la chaleur dont elle a besoin, une partenaire qui lui répète inlassablement qu'elle est indispensable à son bonheur. En effet, le Poissons ne demande qu'à se dévouer corps et âme et, pour elle, se sentir utile, appréciée, est absolument indispensable. Elle connaît parfois des moments de tension psychique et d'angoisse à prendre au sérieux, car il ne faut surtout pas qu'elle se sente abandonnée.

Si un rien fait de la peine à la femme Poissons, c'est aussi avec un rien qu'on la rassure et la rendre heureuse n'est en fin de compte pas tellement difficile. Ce qui est à craindre en revanche, c'est la dépendance qu'elle tend parfois à avoir vis-à-vis de l'alcool, des boissons, des médicaments.

La femme Poissons
dans ses relations homosexuelles avec les natives des douze signes zodiacaux

Avec le Bélier

Lorsque le Poissons et le Bélier sont en présence, on assiste à un captivant face à face entre le rêve et l'action. Chacune des deux partenaires est d'ailleurs fascinée par l'autre, sans pour autant parvenir à cerner sa compagne, à la comprendre, à établir avec elle une relation de complémentarité. Entre elles, l'amitié peut être forte, davantage que la passion ou l'amour.

Avec le Taureau

La relation entre le Poissons et le Taureau est agréable. Si elle est parfaitement sécurisante pour la première, elle l'est moins pour le Taureau qui éprouve le besoin constant d'acquérir des certitudes quant à l'amour qu'elle inspire et quant à la constance de la personne aimée. Or, le Poissons n'est guère stable et essayer de se l'attacher est le meilleur moyen de la voir se dérober.

Avec le Gémeaux

Chez le Poissons comme chez le Gémeaux, il y a excès d'idéalisme, d'hésitations, d'indécisions, ou trop de précipitation au contraire. Les deux partenaires forment mille projets, mais en réalisent peu en fin de compte. Elles s'intéressent et touchent à tout, veulent tout connaître, tout voir, si bien que leur vie sociale revêt souvent plus d'importance — même à leurs yeux — que leur vie de couple.

Avec le Cancer

Voilà une relation profonde, une authentique union d'âmes, pleine d'affinités secrètes, de communication instantanée, de télépathie même. Le Poissons et le Cancer vont jusqu'à rêver les mêmes choses ! Elles sont toutes les deux tellement féminines qu'aucune d'entre elles ne parvient à prendre l'avantage sur sa compagne, si bien qu'elles risquent de former un couple dans lequel personne ne prend les rênes.

Avec le Lion

La séduction qu'elles exercent l'une sur l'autre ne fait pas de doute : aux yeux du Poissons, le Lion représente le modèle sur lequel calquer sa vie privée et sociale, alors que le Lion ne manque pas d'être attirée par l'apparente docilité, par la sensibilité et par les dons prémonitoires du Poissons. Quant aux chances d'une entente vraiment profonde et à la possibilité d'une totale complémentarité entre les deux partenaires, elles sont faibles néanmoins.

Avec la Vierge

La méfiance s'installe souvent dans leur relation car chacune sent les hésitations, les réticences de l'autre, dont elle connaît aussi le goût pour les échappatoires. Le Poissons et la Vierge essaient bien de s'expliquer, mais en vain : elles ne parlent pas le même langage, d'où la peine qu'elles ont à se rejoindre.

Avec la Balance

Le Poissons et la Balance sont rapprochées par certains points communs : le goût, le désir et le besoin de plaire, de flirter, d'exercer à tout moment leur pouvoir de séduction. Cette manière d'être peut avoir un effet stimulant sur les deux partenaires. leur relation ne manque donc pas de piment, mais au détriment de sa valeur réelle et de sa profondeur.

Avec le Scorpion

Le Poissons est tout à fait apte à mettre du rêve et de la fantaisie dans l'existence du Scorpion. De son côté, celle-ci est capable d'éveiller le Poissons à la sensualité, à la sexualité entièrement vécue et non plus rêvée. Le lien qui unit les deux partenaires est extrêmement fort : c'est une relation d'âme autant que de sexe et de passion.

Avec le Sagittaire

La douche écossaise est une pratique que le Poissons connaît fort bien et le Sagittaire en fait le dur apprentissage : ses essais passionnels sont tantôt accueillis avec chaleur, tantôt découragés de manière glaciale... pour être réanimés par malin plaisir, avant que le Poissons ne s'échappe une fois de plus ! La relation est comparable à un duel psycho-philosophique curieux, étrange, passionnant a vivre.

Avec le Capricorne

Si le Poissons et le Capricorne s'engagent dans une relation, il leur faut passablement de maturité à toutes les deux, car il est exclu de compter sur une quelconque concession de part et d'autre. Le Poissons s'obstine à vivre fidèle à ses rêves, pendant que le Capricorne mène son existence dans le concret et la réalité. Il n'empêche que l'attachement entre ces deux partenaires peut être profond et durable.

Avec le Verseau

On ne peut pas dire que le Poissons et le Verseau se comprennent à merveille, mais elles s'observent avec intérêt, sont intriguées l'une par l'autre comme si elles appartenaient à deux mondes absolument différents, sans commune mesure. Il existe pourtant de profondes affinités entres elles et les deux partenaires s'en rendent compte au point qu'elles pourraient être tentées, à certains moments, d'aller plus loin dans leur exploration pour mieux se réaliser l'une et l'autre.

Avec le Poissons

La relation qui naît entre deux natives du Poissons est tendre, rose, délicate, hautement romantique, un peu fragile peut-être. Une fois les feux de la passion éteints, elle a beaucoup de chances de se transformer en une amitié fidèle.

Nous voici au terme de cette analyse. Puisse-t-elle permettre au lecteur ou à la lectrice, homosexuel(le) ou hétérosexuel(le), de comprendre que si, face à l'amour, l'être humain est toujours seul, il est en revanche libre de s'unir au compagnon de son choix pour bâtir avec lui une forme de bonheur.

Huguette Hirsig

Achevé d'imprimer pour le compte de Yva Peyret, éditeur, La Gollie, CH 1099 Corcelles-le-Jorat (Suisse), sur les Presses de l'Imprimerie 107 à Paris - 2e trimestre 1985